MW00477328

BIBLIOTECA EDAF
295

CRISTÓBAL COLÓN

DIARIO
DE A BORDO

Edición de Luis Arranz Márquez

EDAF

MADRID - MÉXICO - BUENOS AIRES - SAN JUAN - SANTIAGO

Director de la colección: MELQUÍADES PRIETO

© 2006. De la edición, introducción y notas, Luis Arranz Márquez
© 2006. Editorial EDAF, S. A.

Cubierta: Gerardo Domínguez

Editorial Edaf, S. A.
Jorge Juan, 30. 28001 Madrid
http://www.edaf.net
edaf@edaf.net

Edaf y Morales, S. A.
Oriente, 180, n.º 279. Colonia Moctezuma, 2da. Sec.
15530 México D. F.
http://www.edaf-y-morales.com.mx
edafmorales@edaf.net

Edaf del Plata, S. A.
Chile, 2222
1227 Buenos Aires, Argentina
edafdelplata@edaf.net

Edaf Antillas, Inc.
Av. J. T. Piñero, 1594
Caparra Terrace
San Juan, Puerto Rico (00921-1413)
edafantillas@edaf.net

Edaf Chile, S. A.
Huérfanos, 1178 - Of. 506
Santiago - Chile
edafchile@edaf.net

Marzo 2006

I.S.B.N.: 84-414-1762-8;   978-84-414-1762-5
Depósito legal: M-12439-2006

PRINTED IN SPAIN   IMPRESO EN ESPAÑA
COFÁS, S. A. – Móstoles (Madrid)

Índice

ॐ

Págs.

Introducción

C OLÓN lo aguanta todo. Es uno de esos personajes para los que la polémica es casi consustancial con ellos; la piden, les llega y están preparados para resistir controversias de poca o de mucha monta, teorías razonables y hasta disparatadas. Algunos sostienen que es como una maldición que no cesa, mientras que para otros es el fruto de un descubrimiento grandioso, de trascendencia histórica creciente y llevado a cabo contra la ciencia de su tiempo, contra la opinión de muchos poderosos, y haciendo gala siempre de una fe en sí mismo inusual y de una seguridad en aquello que ofrece admirable, casi milagrosa. Aguantó todo y sufrió penalidades y desprecios, sobrellevando como pudo el que muchos «le volaran la palabra», y lo tomaran por «home fablador», imaginativo y fantasioso.

Se puede pensar —y no sin razón— que tantos enigmas y secretos como envuelven al gran nauta están en relación directa con la escasez de escritos que de él conservamos. Pero no es del todo así, pues el descubridor y toda su familia escribieron mucho, pero con contradicciones constantes, y sobre todo pleitearon demasiado contra la Corona por el cumplimiento de los privilegios colombinos y también entre ellos mismos por la sucesión en el mayorazgo. En esos pleitos, muchos papeles se perdieron, otros, intencionadamente, se hicieron por perder, y algunos se falsearon. He ahí el origen de no pocas polémicas.

Sus contradicciones nos han llevado con frecuencia a comprobar algo de su pasado, pero callando mucho más. Es un alma atormentada entre lo que parece ser y lo que es. Apasionado y cauto. Colérico y calculador. Materialista y predestinado. Y siempre insatisfecho; dispuesto a poner a Dios por testigo, a apelar a la Suprema Justicia cuando este mundo le escatime honores y privilegios que él cree merecidos. Sus palabras, en esos casos, retumbarán con la fuerza del que está en posesión de la verdad.

Ante este panorama documental y ante tanta contradicción como envuelve al personaje, nacieron dos maneras de proceder ante lo colombino que han enturbiado su estudio en polémicas constantes: por una parte, los que creen ciegamente todo lo que escribe don Cristóbal Colón; para estos es el héroe providencial y el instrumento divino, y como tal se le tiene. Por otra parte, se sitúan los hipercríticos, aquellos que dudan de todo lo que dice Colón, que desconfían de él y a la vez se sienten legitimados a pensar y decir lo que les venga en gana. Al socaire de estas dos extremosidades se han dicho y escrito muchas barbaridades. Quien se acerque a querer saber algo del Almirante nunca debe olvidar esto.

La vida de Colón está envuelta en decenas de momentos oscuros y de enigmas. Sin embargo, hay tres periodos que se llevan la palma: uno es el relativo a los *orígenes* y nos lleva al nacimiento, patria y lengua de Colón, con toda la pasión que en ello pusieron el siglo XIX y el Romanticismo; el segundo capítulo, muy periodístico, no exento de morbo y con tanta pasión o más que con la patria, es el relativo a la polémica sobre los *restos* del descubridor; el tercer momento sumamente discutido e importante de la vida de Colón, y que para el historiador es el primero, se refiere al *proyecto descubridor,* ya que es la clave de todo lo colombino. Incluso, habría que añadir que cada uno de estos capítulos arrastra en cadena otros muchos enigmas.

Los que conocieron a don Cristóbal Colón nos lo definen con tres rasgos fundamentales: misterioso, soberbio y convencido de ser instrumento divino. Tres rasgos que son un estímulo para el curioso y para el investigador.

Este hombre que dice llamarse Cristóbal Colón, que se siente extranjero, pero no dice de dónde es y oculta su lugar de nacimiento; que no escribió nunca en italiano, y sí en castellano; que está ofreciendo la mayor navegación de la Historia capitaneando una flota revolucionaria, y sin embargo en Castilla nadie lo ha visto navegar; este hombre no hace más que sorprender. Tiene algo; algo que atrae, que gana partidarios incondicionales desde el más alto al más bajo. Tiene una fe inalterable en sí mismo. Tiene una certeza en lo que ofrece. Actúa como si él ya conociera lo que para unos es una fantasía sin sentido y para otros duda, simplemente duda. Este hombre está ofreciendo nada menos que las Indias; llega de Portugal, y sabe lo suficiente como para no ser tomado por embaucador.

Al misterio le sigue la duda: si pide tanto y con tanta tenacidad, viniendo de Portugal y estando en juego el camino hacia las Indias por la ruta del poniente, ¿no estará en lo cierto? Siempre la duda. Otra vez la duda.

Los reyes Isabel y Fernando, los que más tarde decidirán apoyar a Colón prescindiendo de la voz de la ciencia y del dictamen de los expertos, nunca despidieron definitivamente a Colón en siete años de tiras y aflojas y de negociaciones más o menos exigentes. Le dieron largas. Lo entretenían. El pretexto era esa guerra de Granada, a punto de concluir, pero que no acababa. Para romper de arriba abajo el velo del océano se precisaba una cierta quietud que llegó al fin en 1492.

¿QUÉ TIENEN LAS INDIAS QUE TANTO ATRAEN?

Desde el siglo XIII, Europa ignoraba casi todo de Asia, y prácticamente todo de sus tierras más extremas, allá donde la imprecisión y el misterio lo envolvían todo. En esa lejana zona asiática, imprecisa y misteriosa, la cristiandad situaba las Indias, a las que identificaba también, además de por su lejanía, por sus riquezas, por sus muchas riquezas.

De aquellas tierras lejanas e imprecisas, que iban desde la India actual hasta Indonesia y Filipinas (el Maluco), estaban llegando a Europa las principales y más valiosas especies (pimienta, clavo, canela, jengibre, nuez moscada, etc.), tejidos de seda y refinamiento, oro y metales preciosos, perlas y piedras preciosas. Los europeos carecían de todo esto y lo deseaban mucho.

El tráfico de estos productos, durante la Baja Edad Media, estaba perfectamente normalizado: a través de rutas transasiáticas, unas veces por las vías marítimas del océano Índico y mar Rojo transportadas en juncos chinos y embarcaciones árabes, y otras en caravanas interiores por la llamada Ruta de la Seda, llegaban las especias al Mediterráneo oriental y mar Negro. En las ciudades fin de caravana, como Tana, Trebisonda, Alejandría o Constantinopla, tenían sus factorías los grandes comerciantes y mercaderes europeos, los cuales se encargaban de adquirir los productos orientales y de distribuirlos por toda la cristiandad. Un cargamento de estos productos tenía altísimos riesgos, pero, si no sufría contratiempos, la rentabilidad era enorme.

Grandes potencias de este comercio con Asia durante la Baja Edad Media fueron *Venecia,* dispuesta a todo con tal de no perder el monopolio del tráfico de las especias, *Génova,* dedicada más a otros productos de lujo orientales y por evitar el enfrentamiento, y el *Reino de Aragón,* competidora más de Génova que de Venecia y moviendo sus fichas comerciales más en el norte de África.

En la zona más extrema del Oriente, la fantasía medieval cristiana, además de ir acuñando fama de riquezas ilimitadas, fue localizando todo lo exótico y fantástico que se le ocurría: el Paraíso Terrenal, las tierras de los Reyes Magos, la Fuente de la Eterna Juventud, las Minas del Rey Salomón, el Reino de Saba, los palacios con techos de oro, los animales mitológicos que han ido divulgando las novelas de aventuras medievales. La gente estaba convencida de que los pasajes de la Biblia tenían localización precisa en alguna zona de la geografía terráquea. El fin del Oriente, de momento, libraba de más explicaciones.

Al mismo tiempo, el ejército de frailes seguidores del pobre de Asís empezó a superar fronteras animando a propagar el Evangelio, a acercarse al infiel y a valorar la naturaleza. Estos frailes viajeros, al escribir desde sus misiones, desataron la curiosidad y animaron a viajar. Lo mismo que el mundo islámico, en sus travesías de peregrinación, cultivó la geografía, elaboró libros de viajes y rutas desvelando nuevas tierras y pueblos desconocidos. Al fondo, sin saber muy bien si influyó mucho o poco, pero algo sí, la leyenda del Preste Juan, ese misterioso reino cristiano enclavado en algún lugar entre África y Asia, que era tanto como no decir nada, avivaba aquel espíritu cruzado de siglos atrás.

El que sí que iba a dejar huella —hasta en el proyecto colombino— era Marco Polo, aquel viajero veneciano, mercader, hijo y sobrino de mercaderes, avispado, que se ganó la confianza del Gran Khan, recorrió gran parte de China y nos transmitió su experiencia en un relato conocido como el *Libro de las Maravillas,* que provocó la admiración de unos y la envidia de otros.

En su relato nos da a conocer la grandeza del Imperio mogol, con sus pobladas ciudades, sus grandiosos puertos y sus poderosas flotas; nos habla de la China continental o Catay, del comercio de la zona, de algunos inventos, de sus inmensas riquezas, y sobre todo del Cipango (Japón actual), esa isla separada del continente 1.400 millas, donde el oro era tan abundante que hasta las tejas que recubrían el palacio real eran de ese metal. Esto se conocía en Europa a principios del siglo XIV. Lo que Europa ignoró durante mucho tiempo fue que el Imperio mogol se deshizo el año 1368, que China cambió de dinastía (Ming) y cerró sus fronteras. Al mismo tiempo que eso sucedía en China, Europa sufría la peste negra (1348) y con ella una gran caída demográfica y un enorme declive.

Cuando casi dos siglos después (a finales del siglo XV), Cristóbal Colón proyecta navegar por el poniente hasta las Indias pensaba llegar al Imperio mogol, a la China de Kublai Khan que nos contó en su día Marco Polo. El principal objetivo del gran viaje descubridor de 1492 fue encontrar el Cipango. Y regresó convencido de que lo había encontrado en la Isla Española.

¿CÓMO ERA EL MUNDO CONOCIDO Y CÓMO SE IMAGINABA EL DESCONOCIDO?

Cuando don Cristóbal Colón llegaba a este mundo en 1451, nadie que poseyera unos mínimos conocimientos de geografía, cosmografía o astronomía discutía ya la esfericidad de la Tierra. Los griegos, primero, y los romanos, después, con Claudio Tolomeo (siglo II d. de C.) de compilador universal, habían convertido dicha teoría en intocable. Superados ya los siglos medievales de la barbarie, nadie dudaba de ello y la obra tolemaica se divulgó y se aceptó.

Sin embargo, en lo que se refiere a la configuración del mundo conocido y del globo terráqueo en general, es decir, a la distribución de tierras y mares, a las dimensiones de los océanos y de los continentes, a la habitabilidad o no de algunas zonas, a la existencia de los antípodas y de ciertos lugares bíblicos, a la existencia de islas misteriosas salpicadas en el océano, las discrepancias eran notables. En esta labor de aclarar y demostrar la realidad geográfica del mundo, los siglos XV y XVI fueron trascendentales.

Dos errores especialmente destacan desde el punto de vista geográfico (astronómicamente habrá que esperar a Copérnico para extender la idea de que el centro del universo era el Sol y no la Tierra): en primer lugar, la distribución de mares y continentes en la superficie terrestre, y por otro lado, el error de cálculo en cuanto a distancias.

Según Tolomeo, la superficie del globo terráqueo conocido (Europa, Asia y África) ocupaba más tierras que mares. La masa europea continuaba a través de Asia y se prolongaba mucho más hacia el este ocupando una extensión continental superior a la actual; mientras que África se creía que prolongaba sus tierras hacia el sur hasta unirse con Asia y encerrando un gran mar Índico en el centro. El resto era la envoltura exterior en forma de agua: la llamada Mar Océana o Mar Tenebrosa. Traducido a distancias, aquella Mar Océana era mayor que el Atlántico actual y lamía todas las tierras continentales del Viejo Mundo.

En cuanto a las distancias, los errores de cálculo tuvieron consecuencias inmediatas. Tolomeo asignaba unas dimensiones al globo terráqueo bastante inferiores a las reales; en cierto modo, la Tierra quedaba un tanto reducida. La otra creencia que había de resultar capital para el proyecto colombino era la de las dimensiones del océano, pues ese detalle condicionaba mucho el poderlo surcar o no.

Hasta Colón, la masa oceánica del Atlántico que se interponía entre la costa occidental africana y las tierras orientales de Asia (no se olvide que nadie contaba en esos momentos ni con America, ni con el océano Pacífico) era demasiado extensa como para poderla surcar con embarcaciones de la época. De los 360° de la circunferencia de la Tierra, se calculaba que entre 120° y 130° ocupaba la masa oceánica que separaba las costas occidentales de Europa-África de las más orientales de Asia, lo que significaba una distancia de unas 8.000 millas, o comparativamente más del doble de la distancia que separa actualmente Europa de América. Para los portuguses este cálculo era correcto. Para Colón, no.

También debemos a las obras de Tolomeo, y por extensión a la literatura del mundo clásico, la propagación de ideas fantásticas sobre los mundos desconocidos. Corrían creencias de que las zonas tórridas ecuatoriales eran inhabitables por causa de los calores; que en el océano residían bestias marinas que atrapaban y hundían las naves; que en las tierras lejanas habitaban razas monstruosas, amazonas, antropófagos, pigmeos, hombres cíclopes, etc.

Estos errores y algunas de estas ideas tenían la fuerza divulgativa de todo lo que procedía del mundo clásico, siendo respetadas ciegamente, a veces en exceso, ya que pocos se atrevían a poner en duda siquiera lo que provocaba tanta veneración. Durante mucho tiempo, aunque parezca un contrasentido, esta influencia clásica supuso una barrera para el avance de los descubrimientos del mundo y por tanto para el progreso de la ciencia. Lo que los portugueses y los españoles harán durante los siglos XV y XVI fue pura constatación de tierras y mares, ratificando algunas viejas ideas y rectificando creencias. Así avanzó el mundo.

¿QUÉ RUTA SIGUIERON LOS PORTUGUESES?

La ruta tradicional que seguían los productos procedentes de las Indias terminaba en Europa no sin sobresaltos. Cada época tenía los suyos y a veces confluían varios. La desintegración del Imperio mogol creó inseguridades. El intento de Tamerlán por reconstruir el Imperio fundado por Gengis Khan estuvo a punto de lograrse, pero terminó con su muerte en 1405. La entrada en escena del pueblo turco en esa zona bisagra entre Asia y el Mediterráneo, culminando con la conquista de Constantinopla en 1453, fue arrastrando mucha zozobra al comercio y al negocio. Europa, además, ya no podía prescindir de los productos asiáticos, a la vez que los metales preciosos de oro y plata con los que tenía que pagar se le iban agotando.

Con este trasfondo, los portugueses, a principios del siglo XV, empezaron a plantearse la necesidad de buscar una vía nueva para llegar a las Indias. De la mano y clarividencia del príncipe don Enrique el Navegante, y tras la conquista de Ceuta en 1415, los navegantes lusitanos se lanzaron a descubrir optando por la ruta africana con la esperanza de encontrar un paso al sur que comunicara la Mar Océana con el mar Índico y con las lejanas Indias. Esa arriesgada opción descartaba del todo la ruta del poniente, es decir, la que más tarde seguirá Colón

La conquista de Ceuta reportó al Navegante intervenir en el comercio del estrecho de Gibraltar, además de recoger los primeros cargamentos de oro, esclavos y trigo del Magreb. Para estar más cerca de sus intereses, convirtió al puerto de Lagos en su principal punto de operaciones, y a Sagres, en el centro de investigación náutica más importante de su época, todo ello en las cercanías del cabo de San Vicente. Desde allí vigiló el mar y continuó con su empresa náutica.

El segundo paso fue mirar a los archipiélagos cercanos: Azores, Madera y Canarias. No quería rivales en esa zona y por ello pretendía monopolizar su redescubrimiento, conquista y poblamiento, sin escatimar esfuerzos. Con Azores y Madera no tuvo competidores, mas no sucedió lo mismo con las Canarias, que después de muchas y largas tensiones hubo de cederlas a Castilla. Madera se convirtió pronto en un campo de producción y tráfico de azúcar.

Al mismo tiempo, se fueron descubriendo las costas africanas hasta el cabo Bojador, conociendo los vientos y las corrientes del océano y aprendiendo a moverse en los mares revueltos de los archipiélagos. Por estas fechas se descubrió la carabela, embarcación ideal para las navegaciones de altura, y se perfeccionaron algunos instrumentos de navegación. En 1434, el portugués Gil Eanes hizo dos cosas memorables: traspasó el cabo Bojador o cabo del Miedo, verdadera puerta del Mar Tenebroso, una barrera envuelta en miedos y supersticiones desde antiguo. Traspasado que fue, se comprobó que más allá de ese hito la vida continuaba y los antiguos se habían equivocado. En segundo lugar, enseñó la forma de regresar de África (para la ida había que aprovechar la corriente de Canarias que va hacia el sur lamiendo la costa). Ese regreso o «volta» consistía en adentrarse en el océano y desde ahí, en navegación de altura, sobrepasar al oeste las Azores, dibujando un gran arco hasta llegar a Portugal.

Más al sur comenzaba Guinea. Guinea para los portugueses era el resto de África a partir del río Senegal o Río del Oro. Durante casi 50 años, y en contacto con la nueva realidad africana, aprenderán de vientos y corrientes caprichosos, del terror que suponía para un velero verse atrapado en una calma ecuatorial, de los calores húmedos y de las lluvias torrenciales. En lo económico, Guinea se convirtió en objetivo principal para la Corona portuguesa (para Enrique el Navegante hasta 1460, en que muere, y después para todos los reyes lusitanos). A base de un sistema de factoría comercial, primero desde Arguim (1443), en la costa del Rio del Oro, y después también a partir de 1482, desde San Jorge de la Mina, en el corazón del golfo de Guinea, lo que se obtenía con trueques y cambalaches era oro y esclavos negros, marfil y también alguna especia barata. Con estos enclaves, el oro sahariano, el oro en polvo del Sudán, tomó rumbo hacia las factorías portuguesas del Atlántico en lugar de seguir las rutas del Sahara hacia las ciudades mediterráneas del Magreb.

Para asegurar la exclusiva de Guinea y evitar a toda costa que ningún otro príncipe cristiano se inmiscuyera en sus costas ni en sus mares, Portugal obtuvo del papado dos bulas (la *Romanus Pontifex* —1455— y la *Inter Caetera* —1456—) por las que se le reconocía la exclusiva sobre toda la costa africana desde los cabos de Nâo y Bojador al sur, con la obligación de evangelizar a sus gentes. Estamos ante un claro precedente que utilizará Castilla tras el descubrimiento de América.

El Tratado de Alcáçovas, firmado en 1479-80 entre Castilla y Portugal, después de la guerra de sucesión al trono castellano, reservaba a Portugal los archipiélagos de Azores, Madera y Cabo Verde, todas las tierras descubiertas y por descubrir al sur del paralelo de las Canarias y el control absoluto de la navegación en el océano ca-

mino de Guinea o «Contra Guinea», bajo el compromiso
de los reyes castellanos de no enviar navíos e incluso defender que ninguno de sus súbditos acudiera a esos mares
y tierras a negociar o descubrir sin permiso del rey portugués. Castilla, sin embargo, podía navegar tranquilamente
a Canarias.

En 1488, Bartolomé Díaz doblaba el cabo de Buena
Esperanza, demostrado que Tolomeo estaba equivocado.
Y para cerrar el siglo, Vasco de Gama culminaba en Cali-
cut (Calcuta) el sueño portugués de llegar a la India. Rectificar los errores geográficos al otro lado del océano por
la vía de poniente era un privilegio reservado a un hombre llamado Colón.

COLÓN APARECE EN ESCENA

Cristóbal Colón nunca quiso ser claro sobre su lugar
de nacimiento. Tuvo muchas oportunidades para hacerlo,
pero no lo hizo, al igual que sus hermanos, que siempre
se declararon extranjeros sin precisar más. Su hijo Hernando, tras escribir la *Historia del Almirante,* alimentó
más la confusión en torno a la patria chica de su padre
sembrando la duda sobre media docena de lugares en los
aledaños de Génova: Nervi, Cugureo, Buyasco, Savona,
Plasencia y Génova. Y muchos pensaron que, si así se
comportaba el bien informado de su hijo, algo debía esconder. Se puede incluso sacar a colación la institución
de Mayorazgo (22 de febrero de 1498), cuando el Almirante dice: «Que siendo yo nacido en Génova les vine a
servir aquí en Castilla». Esto podía ser aportado como
prueba definitiva, si el documento en cuestión y las cir-
cunstancias en que apareció no hubiera sido tan cuestio-
nado.

Al hilo de las patrias que pretenden atribuirse la gloria de haber visto nacer al gran descubridor de América, cabe reseñar la teoría del Colón gallego que desde 1892, con altibajos, se ha mantenido; la hipótesis del Colón extremeño ha tenido mucho menos fuerza y continuidad; no así el Colón catalán, que desde finales de los años veinte del siglo pasado, y con una cierta continuidad, ha metido pasión, a la vez que ha iniciado alguna veta interpretativa, posteriormente matizada como la del predescubrimiento; el Colón mallorquín viene demostrando mucho entusiasmo y un enorme optimismo para que la llama no languidezca; lo mismo cabría decir del Colón ibicenco; el Colón de Guadalajara resulta más anecdótico; tampoco podía faltar el Colón portugués, el cual, a pesar de que Portugal siempre estuvo en medio, no ha terminado de cuajar; las implicaciones judías fueron inteligentemente engarzadas en la teoría del Colón sefardí. Tesis atrevidas por demás, y que apenas han merecido atención por su falta de consistencia y seriedad, han querido convertirlo también en corso, francés, inglés, griego y hasta suizo.

La teoría del Colón genovés, por la que me inclino, sostiene que nació en una modesta familia de laneros y tejedores afincada en la mercantil y muy marinera ciudad de Génova allá por el año de 1451 (casi en vísperas de la caída de Constantinopla). Fueron sus padres Doménico Colombo y Susana Fontanarrosa, de claro sabor judío. Y de los cinco hijos habidos en ese matrimonio, Cristóbal y Bartolomé Colón tuvieron pronto vocación marinera. Diego fue después de 1492 el tercero de la saga.

A partir de principios del siglo XV —no antes— localizamos a una familia Colombo en tierra de Génova. Su aparición bastante repentina en esas tierras hizo preguntarse a algunos historiadores si no pudieran venir huyendo de algún otro sitio por cuestiones religiosas. Puede constatarse que el apellido Colombo, Colomb, Colomo o Colom abundan en el triángulo Génova, Cataluña y Baleares.

La lengua es otro de los puntos discutidos en torno al descubridor. Es sabido que la patria lingüística y la formación cultural primera suelen ir muy unidas al lugar de nacimiento y a la patria política. Igualmente, hay que distinguir entre la lengua hablada y la lengua escrita. Colón podía hablar o chapurrear mil lenguas, como hombre de mar que fue, pero para escribir se necesita un estudio especial por los ojos, que no se requiere para hablar. Hay coincidencia en señalar que Colón ignoraba y nunca supo escribir el italiano, y que en el siglo XV el dialecto genovés no era lengua de escritura.

Las únicas lenguas escritas que aprendió Colón fueron el castellano y el latín, nada más. Y el castellano lo aprendió, según Menéndez Pidal, antes de llegar a Castilla, probablemente en Portugal. Por ello, los diarios de a bordo, las cartas, memoriales y cualesquiera documento oficial y privado perteneciente al Almirante fueron siempre escritos en castellano aportuguesado. Resulta muy representativo también que cuando don Cristóbal tiene que escribir al Banco genovés de San Jorge o al embajador de la República genovesa en Castilla, Nicolás Oderigo, o al cartujo de Las Cuevas, su gran amigo el italiano Gaspar Gorricio, o a sus hermanos Bartolomé y Diego Colón, siempre lo hizo en castellano.

Los testimonios que conservamos de los primeros años de Colón en Castilla, aquellos que lo oyeron hablar al principio, nos dicen que era ajeno a la lengua castellana, es decir, que hablaba y escribía en castellano, pero con claros matices diferenciadores. Se podría concluir diciendo que Colón pudo nacer físicamente en Génova, pero a la cultura y a la elaboración ideológica de su proyecto descubridor nació de la mano de lo castellano, con algunos portuguesismos, italianismos, y hasta catalanismos, si se quiere, pero desde lo castellano. Se analice como sea, esto siempre ha llamado la atención, por lo que no ha de extrañar que se le hayan querido ver filiaciones castellanas a don Cristóbal Colón.

Haber nacido en Génova o alrededores significaba respirar por doquier el mar, el comercio y la guerra. Cualquier muchacho llegado a este mundo en esa república italiana comprendía muy pronto la importancia capital que tenía para todos el puerto y la flota, sustento del comercio y piezas imprescindibles para cualquier tipo de guerra, tanto defensiva como ofensiva, y que formaba parte de un conjunto bien articulado que permitía sobrevivir o defender posiciones ante potencias extranjeras.

«De muy pequeña edad entré en la mar navegando, e lo he continuado fasta hoy... Ya pasan de cuarenta años que yo voy en este uso. Todo lo que fasta hoy se navega, todo lo he andado», decía el descubridor en 1501.

Aunque algunos demasiado partidarios del héroe Colón propalaron que tuvo formación universitaria, la única verdad contrastada es que su escuela y su universidad fueron las galeras genovesas surcando el Mediterráneo y algunos otros mares no tan próximos. Primero como grumete, como marinero a partir de los quince o dieciséis años, después, y entre los veinte o veintidós, con responsabilidad de mando en barco.

Según soplaran los vientos de la paz, la guerra o la necesidad, se le puede ver frecuentando las principales rutas mercantiles desde la Península Ibérica hasta la isla de Quíos, en el mar Egeo, al servicio de reputadas firmas comerciales genovesas. Entre 1470 y 1473, sus negocios mercantiles lo hicieron ya traspasar el estrecho de Gibraltar con intereses en Lisboa y llegando hasta el archipiélago de Madera metido en tráficos de azúcar.

Al mismo tiempo, no reniega de participar, como hacía cualquier corsario, en conflictos armados como el que enfrentó a Renato de Anjou con Aragón. Parece que a sus 21 ó 22 años mandaba una galera apoyando al de Anjou en plena guerra civil catalana. El lance lo cuenta el mismo Colón en una carta de principios de 1495, recordándoselo al mismo rey Católico —lo que da garantías de que no habla por hablar—, de la siguiente guisa: corría el año de 1472 con la guerra civil catalana a punto de concluir, cuando Renato de Anjou lo envió a Túnez a prender a la galera aragonesa *Fernandina*. Al enterarse los marineros de que esta iba bien protegida, se negaron a cumplir la orden a menos que fueran a Marsella a por refuerzos. Y aquí aparece el Colón que vamos a ver en alguna otra ocasión: accedió a lo que se le pedía y, aprovechando la noche, cambió la brújula de manera que marcase el sur en lugar del norte, encontrándose a la mañana siguiente junto al cabo de Cartagena, cuando la tripulación creía que se acercaban a Marsella. Un ardid muy colombino: era decidido, tenía conocimientos y sabía fingir.

Entre los 20 y los 25 años, durante el tiempo que va de 1470 a 1475, sus ocupaciones mercantiles alternaron con su actividad de corsario en el Mediterráneo al amparo de tanta guerra y rivalidad entre vecinos. La práctica corsaria tenía su código y era una forma lícita de guerra, amparada en patentes de corso o autorizaciones de una ciudad o de un Estado para actuar contra el adversario, sin olvidar ciertas reglas de juego, compromisos y negociaciones, como llegar a acuerdos entre el atacante y su presa. En esa época valía por igual la guerra política que la guerra comercial. Cualquier conflicto territorial entre las grandes potencias siempre llegaba al mar, por lo que nunca le faltaba trabajo a un experto navegante.

Cristóbal es un ejemplo consumado de saber náutico adquirido en cien experiencias y observaciones. Su estancia portuguesa posterior será trascendental para poder surcar el Atlántico, pero es en el Mediterráneo donde primero se curtió y donde adquirió hábitos y capacidades que lo prepararon precisamente para sacar el máximo provecho del océano.

Solo un mercader que ha frecuentado las rutas entre Italia y la Península Ibérica y que conoce a la perfección la singularidad del mar Mediterráneo podía dar el 6 de febrero de 1502 un consejo a los Reyes Católicos acerca de cómo navegar entre Nápoles y Cádiz según fuera invierno o verano.

COLÓN APRENDE CON LOS PORTUGUESES

Sabemos que Cristóbal Colón vivió casi diez años entre los portugueses; que navegó con ellos, porque así nos lo contó años después él mismo; que allí se casó y tuvo por lo menos un hijo; que disfrutó de buenas relaciones con la corte de Juan II; que el proyecto de viaje a las Indias lo elaboró en Portugal y allí lo presentó y fue rechazado; y que al final algo se torció, por lo que tuvo que salir huyendo de Portugal. Sorprende mucho a los historiadores que un hombre con esta singularidad social y náutica no nos haya dejado constancia documental alguna de su paso por el vecino reino y que casi todo lo que sabemos de esa etapa se lo debamos a reminiscencias colombinas de los años en que vivía ya en Castilla.

En mayo de 1505, el entonces primer Almirante de las Indias escribía al Rey Católico y le decía: «Dios Nuestro Señor, milagrosamente me envió acá (a Castilla) porque yo sirviese a Vuestra Alteza; dije milagrosamente, porque yo fui a aportar a Portugal, a donde el rey de allí entendía en el descubrir más que otro; Él le atajó la vista, oído y todos los sentidos, que en catorce años no le pude hacer entender lo que yo dixe».

Lo que cuenta aquí don Cristóbal nadie lo ha puesto en duda. Puede discutirse cómo se han contabilizado esos catorce años, porque desde 1476, en que la mayoría de los colombinistas fijan su entrada en Portugal, y el año 1485, en que se dirige con seguridad a Castilla, pasan diez años, no catorce. Por tanto, o llegó unos años antes a Portugal, o la fecha hasta la que sigue negociando con el rey Juan II es algo más tardía. Me inclino por el año 1488 ó 1489 como fecha hasta la que debe contarse. No se olvide que el único documento portugués que conservamos dirigido a Colón, entonces en Sevilla, es una carta personal (20 de marzo de 1488) de Juan II llamando al descubridor «nuestro especial amigo» y pidiéndole que regresara a su presencia para hablar de descubrimientos y dándole toda clase de garantías. Esa carta tuvo respuesta, ya que sabemos que Colón se desplazó a Lisboa y presenció en el puerto sobre el Tajo la llegada de la flota de Bartolomé Díaz, tras descubrir el cabo de Buena Esperanza.

Cuentan las crónicas que Colón entró en Portugal por una costa del sur cercana al cabo de San Vicente y como consecuencia de un violento combate naval durante el verano de 1476. Incendiado su barco, logró salvar la vida echándose al agua y nadando hasta la costa con la ayuda de un remo.

Este combate hay que situarlo en el contexto del conflicto internacional que desató la guerra civil por la sucesión al trono castellano entre Isabel de Castilla y Juana la Beltraneja, con Portugal y Francia de aliados de la Beltraneja. Como aliado de Portugal y Francia, y al frente de una gran flota, de la que formaba parte el futuro descubridor, merodeaba por el escenario de guerra el almirante corsario francés Guillaume Casanove-Coullón, conocido como Colombo o Colón el Viejo, el cual, a la altura del cabo de San Vicente, se topó con cuatro naves genovesas y una urca flamenca que transportaban mercancías a Inglaterra. El resultado fue un enfrentamiento durísimo con incendio y hundimiento de naves, enormes pérdidas materiales y muchas muertes.

Se acepta que Cristóbal Colón durante estos años ejerciera de corsario, pero la inmensa mayoría de los que han exaltado al héroe genovés se resiste a admitir que se enfrentara contra naves de sus compatriotas. El sentimiento romántico-nacionalista del siglo diecinueve rechazaba semejante indignidad. Olvidan que el corsario era primero que nada corsario. Se confunden las épocas para juzgar a las personas.

Para una persona como Colón, que acababa de salvar la vida milagrosamente, y que había sido conducido al escenario más soñado por cualquier descubridor de tierras y de mares: Lagos, Sagres y el golfo de Cádiz, esto adquirió pronto carácter providencial.

Después de reponerse en la villa de Lagos, de emparse de leyendas marineras y rumores de nuevas islas, sin demasiadas prisas se dirigió a Lisboa. Tampoco era mal sitio el puerto sobre el Tajo y la ciudad bullanguera, abierta y marinera de la capital lusitana. Una vez allí, y para los años siguientes de 1477 a 1480-83, la actividad colombina tomó tres direcciones importantes y estrechamente relacionadas:

a) Su llegada a Lisboa significó tomar nuevas posiciones de cara al futuro. Entre 1477 y 1479, probablemente con la ayuda de amigos y compatriotas, puso casa y comenzó a «acreditarse y restaurarse», lo que exigía prestigio y respetabilidad, y también recursos.

Durante estos años no olvidó la actividad comercial: por el mes de febrero de 1477 hizo un viaje hasta Inglaterra y se llegó hasta la isla de Tulé (Islandia) observando sus corrientes y mareas. En dirección al sur, participó en tráficos de azúcar procedentes de Madera. Un fallido cargamento de azúcar de la Casa Centurione provocará el 25 de agosto de 1479 una declaración ante notario, con el fin de depurar responsabilidades. Este documento (Assereto) es una pieza tan importante como discutida, pues es la única vez que el nauta-descubridor confiesa tener 27 años y ser ciudadano de Génova.

En resumen, los seis años que van de 1477 a 1483 serán trascendentales para Colón: se curte como navegante, aprende los misterios de la navegación de altura y elabora un proyecto descubridor revolucionario. Frecuentó Génova-Savona, navegó hasta los confines occidentales del norte de Europa, visitó y comerció con los archipiélagos tropicales del océano, sobre todo Madera, y participó con los portugueses en sus viajes a Guinea.

b) Durante cualquiera de estos años hay que situar un posible predescubrimiento de América o el conocimiento secreto alcanzado por Colón sobre la existencia de tierras al otro lado del océano. Cuando en el *Libro de las Profecías* el Almirante dice: «Me abrió Nuestro Señor el entendimiento con mano palpable, a que era hacedero navegar de aquí a las Indias, y me abrió la voluntad para la ejecución dello», se está refiriendo a algo portentoso que le acaeció por estos años, mientras surcaba las aguas fronterizas del océano desconocido. Esa «volta» de Guinea era muy propicia para navegantes perdidos.

c) La tercera cuestión, que no hay que disociar de las anteriores, se refiere a su matrimonio. Nos cuentan los cronistas que mientras nuestro mercader navegante residía en Lisboa acostumbraba a cumplir sus deberes de cristiano en el monasterio de los Santos, donde conoció a mujer adecuada, como doña Felipa Moñiz, con la que se casó, probablemente hacia 1480. Esta persona notable, «a quien no faltaba nobleza de linaje», estaba entroncada —dicen— con los Perestrello. El padre de Felipa había sido nombrado capitán donatario de la isla de Porto Santo, en el archipiélago de Madera. Por la parte de los Muñices, doña Felipa entroncaba con el canónigo lisboeta Fernando Martins, el receptor de la correspondencia de Toscanelli y cuya carta tanta importancia habría de tener para Colón. Esta relación familiar le debió abrir puertas y facilitarle el terreno, hasta el punto de permitirle actuar y participar en las exploraciones atlánticas de los portugueses, «como persona ya vecino y cuasi natural de Portugal», que dice Las Casas.

A partir de estos momentos, tiene sentido pleno la insistencia de que ha recorrido «la Guinea», que ha hecho mediciones sobre el grado terrestre, que ha visitado el castillo de San Jorge de la Mina construido en 1482, y Porto Santo. Su proyecto descubridor estaba en marcha.

¿QUÉ SABE Y QUÉ OFRECE COLÓN?

El proyecto colombino de llegar a las Indias fue verdaderamente revolucionario para su época, ya que proponía, nada más y nada menos, que atravesar el océano navegando hacia el oeste, y así llegar al extremo más oriental de Asia siguiendo la vía del poniente.

Cuando este plan descubridor se lo propuso Colón a los portugueses hacia 1483-84, estos lo rechazaron sin dudarlo. La ciencia cosmogeográfica más avanzada del momento, representada por el físico florentino Paolo del Pozo Toscanelli y por la avanzada escuela náutica portuguesa, sostenía que la extensión o anchura del océano Atlántico a la altura del paralelo de las Canarias era casi el doble que la actual. Atravesarlo con los medios de la época resultaba poco menos que imposible.

Para los portugueses, el plan descubridor de Colón se parecía mucho al de Toscanelli, que habían rechazado ya unos años antes. Entre 1483-84, el futuro descubridor de América no ofrecía en principio nada nuevo como para hacerles cambiar. La construcción del castillo de San Jorge de la Mina (1482), en pleno golfo de Guinea, y su continuación descubridora hacia el sur de África, demuestran bien a las claras que Portugal confiaba más en la circunvalación africana como ruta hacia las Indias que en la vía de poniente ofrecida por Colón. ¿En qué se basaba el genovés para sostener con tanta tenacidad lo que decía? ¿Tenía alguna carta en la bocamanga? ¿Conocía algo que los demás ignoraban?

Podemos hacer la pregunta que cada vez se hace más gente: ¿Tenía conocimiento Colón de las tierras que quería descubrir con anterioridad a 1492? La respuesta a esta pregunta condiciona todo, porque no es lo mismo elaborar un plan descubridor desde la certeza de que aquello que se busca existe, a hacerlo solo desde la suposición y la conjetura.

La creencia de que Colón tuviera conocimiento de las nuevas tierras antes de 1492 empezó a planear sobre las Indias en forma de habladurías y leyendas desde los mismos años del Descubrimiento, y de ello se hicieron eco los primeros cronistas (Las Casas y Oviedo).

Un testimonio colombino de 1501, cuando su obra estaba en entredicho dice lo siguiente: «Fallé a Nuestro Señor muy propicio, y hube de Él para ello espíritu de inteligencia. En la marinería me hizo abundoso; de astrología me dio lo que abastaba, y así de geometría y aritmética; y ingenio en el ánima y manos para dibujar esfera, y en ellas las ciudades, ríos y montañas, islas y puertos, todo en su propio sitio. En este tiempo he yo visto y puesto estudio en ver de todas escrituras, cosmografía, historias, crónicas y filosofía, y de otras artes, a que me abrió Nuestro Señor el entendimiento con mano palpable a que era hacedero navegar de aquí a las Indias, y me abrió la voluntad para la ejecución dello; y con este fuego vine a Vuestras Altezas. Todos aquellos que supieron de mi empresa con risa le negaron burlando. Todas las ciencias de que dije arriba no me aprovecharon, ni las autoridades dellas. En solo Vuestras Altezas quedó la fee y constancia. ¿Quién dubda que esta lumbre no fuese del Espíritu Santo, así como de mí?».

Desde la perspectiva del predescubrimiento, la interpretación que puede hacerse de este pasaje es la siguiente: Colón era un más que notable hombre de mar, «abundoso» en esa práctica; pero muy limitado en ciencias y saberes teóricos, «me dio lo que abastaba». Mas, de pronto, algo ha recibido que le abre el entendimiento «con mano palpable», un «milagro evidentísimo», dirá en otro pasaje; y ese algo se refiere a que era posible navegar desde Europa hasta las Indias por poniente; con lo cual «me abrió la voluntad para la ejecución de ello». A partir de esos momentos es un «fuego» lo que tiene dentro, unos deseos ardientes de descubrir.

Los defensores del predescubrimiento de América, entre los que me cuento, sostienen que ese algo trascendental, repentino y milagroso que le sucedió a Colón en cualquier momento de estos años fue que alguien, con conocimiento de lo que decía, le informó de la existencia de unas tierras al otro lado del océano. Tal información aportaba detalles bastante ajustados sobre algunas islas y sus naturales, sobre ciertos parajes y, especialmente, sobre distancias. Ese alguien fue, según unos, un piloto anónimo portugués o castellano que al regresar de Guinea se vio impulsado por alguna tormenta hasta las Antillas. Tras un tiempo allí, regresó, se encontró con Colón, le informó y murió. El mayor defensor de esta teoría es el profesor Manzano, el cual propone como la fecha del encuentro alrededor de los años 1477-78, año más, año menos.

Según otra teoría, la información colombina procedía no de un europeo sino de algún grupo indígena (amazonas amerindias) que en algún desplazamiento por las Antillas se vio obligado a desviarse océano adentro hasta encontrarse con Colón. El autor de esta teoría ha sido el profesor Pérez de Tudela, quien propuso los años 1482-83 como los posibles del encuentro en pleno océano.

Ambas teorías coinciden en que la información o el conocimiento de las nuevas tierras no lo obtiene Colón por sí mismo, es decir, no estuvo él en las Indias con anterioridad a 1492, sino que le llega a través de informantes anónimos. Son voces ajenas las que le cuentan lo que hay al otro lado del océano. Otra coincidencia entre ambas teorías lleva a sostener que tal encuentro debió producirse a bastantes leguas al oeste de las Canarias, Azores o Madera, en una zona que por aquel entonces frecuentaba nuestro nauta-mercader.

En lo que discrepan estas dos teorías es en la valoración que ambos hacen del descubridor y de sus ideas. Para Manzano, Colón era una personalidad sorprendente y genial solo mientras trataba de demostrar a los demás lo que sabía de antemano. Fuera de eso, le merece una consideración bastante pobre, con errores de principiante, fruto de una formación muy escasa. Pérez de Tudela, por el contrario, asigna a la personalidad colombina un sentido religioso profético capital, que empapa todas sus acciones, ideas y proyectos, con esa trascendencia de sentirse siervo elegido por la Providencia para cumplir su misión. Con la seguridad del predestinado rectifica a quien haya que rectificar y elabora teorías originales y grandiosas.

El Cristóbal Colón mesiánico, fuertemente convencido de ser el elegido de la Providencia, el instrumento divino para llevar a cabo la empresa de las Indias, empezaba en este momento y después de ser el depositario de tan importante secreto.

Hubo islas, parajes, rutas que han hecho sospechar que Colón sabía más de lo que parecía, a pesar de que su preparación científica era muy limitada. Algunos llegaron a proclamar que cuando navegaba por islas y mares desconocidos lo hacía con tanta seguridad como si ya los hubiera navegado antes.

De no haber habido un predescubrimiento, resulta muy difícil entender la *Capitulación de Santa Fe,* firmada el 17 de abril de 1492. Se ha discutido mucho sobre el valor jurídico de este documento capital y los más le asignan el carácter de contrato privado, y como tal obligaba a la Corona y a Colón a cumplir lo estipulado. Como documento cumbre, sin el cual el descubridor no se haría a la mar, fue cuidadosamente elaborado y sin posibilidad de error, máxime cuando los reyes estaban concediendo al Almirante privilegios tan amplios. Además, el preámbulo de tan capital documento dice así: «Las cosas suplicadas e que Vuestras Altezas dan e otorgan a don Cristóbal de Colón en alguna satisfacción de lo que HA DESCUBIERTO en los Mares Océanos y del viaje que agora, con el ayuda de Dios ha de fazer por ellas en servicio de Vuestras Altezas, son las que se siguen».

A continuación, la primera cláusula dice: «Primeramente, que Vuestras Altezas como SEÑORES QUE SON DE LAS DICHAS MARES OCÉANAS fazen dende agora al dicho Cristóbal Colón su Almirante en todas aquellas islas e tierras firmes que por su mano o industria se descubrirán o ganarán en las dichas mares océanas...».

Este importante pasaje de la *Capitulación* puede interpretarse así: Colón, antes de hacerse a la mar, se atribuye descubrimientos en el océano que son anteriores a 1492. Ese *ha descubierto* que tanto extrañó a algún cronista como Las Casas, y que recogió después Navarrete, no era un error fruto de confundir un tiempo verbal por otro («ha descubierto», en lugar de «había de descubrir»). No. Las copias fidedignas de la citada *Capitulación* que se conservan así lo atestiguan. Lo que hacía Colón en ese caso era ceder o transferir a los reyes Isabel y Fernando los descubrimientos que él se atribuía en el océano; y podía hacerlo —con el Derecho romano en la mano— porque era un mar libre, que no pertenecía a ningún rey cristiano. En consecuencia, aceptado ese traspaso a favor de los monarcas españoles, estos, en ese mismo momento, podían titularse ya señores y recompensar a Colón con algunos privilegios y beneficios en concepto de compensación o en alguna satisfacción.

Después del primer viaje triunfal del Almirante, los Reyes Católicos le escribían el 16 de agosto de 1494 unas palabras que suenan a reconocimiento predescubridor: «Parécenos que todo lo que al principio nos dixistes que se podía alcanzar, por la mayor parte todo ha salido cierto, como si lo hobiérades visto antes que nos lo dixérades».

EL PROYECTO COLOMBINO DE DESCUBRIMIENTO

Para elaborar un proyecto descubridor como el colombino se podía hacer de dos maneras:

Desde la ciencia, es decir, partiendo de los conocimientos y saberes colombinos —dando por sentado que Colón tuviera una buena base científica— que conducirían en un proceso científico-especulativo a conclusiones lógicas sobre la navegabilidad eceánica.

Desde el preconocimiento obtenido por Colón partiendo de alguien que le ha informado sobre las nuevas tierras y sus distancias. En este supuesto, Colón, seguidamente, y a través de una preparación y unos estudios acelerados, trató de armonizar las noticias que poseía sobre las nuevas tierras y mares con lo que pensaba la ciencia de su tiempo, con el fin de hacer creíble la empresa.

A principios de los años 80 del siglo XV, el descubridor de América apenas tenía preparación científica. Las apostillas o anotaciones que nos ha dejado en las márgenes de los libros que lee contienen noticias tan singulares como estas: «Una persona que se mueve de Este a Oeste pasa a un meridiano distinto». «La mitad (del cielo que está sobre el horizonte) se llama hemisferio.» «Cada país tiene su propio Este y su propio Oeste referido a su propio horizonte.» Nadie discute que su formación científica a principio de los años 80 es elemental. Por tanto, hay que inclinarse por la segunda posibilidad, es decir, por el curso acelerado de aprendizaje geográfico y cosmográfico, con el fin de vestir de ropaje científico lo que ya sabía.

Metido con urgencia en un aprendizaje acelerado, Colón por esas fechas estaba devorando o a punto de hacerlo algunas obras que eran como el compendio del saber cosmográfico de su tiempo, y que todo aprendiz o iniciado debía consultar. Le interesaban principalmente tres obras o fuentes: la *Historia rerum ubique gestarum,* de Eneas Silvio Piccolomini; la *Imago Mundi,* de Pierre d' Ailly, y la *Correspondencia y Mapa* que en 1474 envió Toscanelli al rey de Portugal a través de su amigo el canónigo lisboeta Fernando Martins, y que debía custodiarse en la corte.

Al sabio Paolo del Po`zzo Toscanelli, experto astrónomo y matemático florentino, le debe Colón las informaciones que aporta, siguiendo a Marco Polo, sobre el Cipango, esa isla misteriosa e indomable, fertilísima en oro, perlas y piedras preciosas, y en la cual los templos y casas reales se cubrían de oro puro. Esta isla distaba del continente 1.500 millas o 375 leguas. Esto creía Colón hasta el 4 de enero de 1493, en que recorre la costa norte de la isla Española y llega a Monte Cristi. Parece que la observación de ese monte tan singular le hará declarar rotundo: «Que el Cipango estaba en aquella isla y que hay mucho oro, especiería y almáciga y ruybarbo». Sin ninguna información especial de los indios, se atreve a rectificar a Toscanelli diciendo que el Cipango no era una isla como él había dicho, sino una región de la Española que los indios llamaban Cibao (9 de enero). Y llegará incluso a ser más preciso: desde la costa de Monte Cristi a las minas del Cibao no había veinte leguas, como así era.

Toscanelli había dibujado también en su mapa la tierra firme oriental o China, es decir, las extensas regiones del Catay, Mangi y Ciamba, señoreadas, cuando las visitó Marco Polo —no ahora—, por el Gran Khan. En el primer viaje, cuando Colón recorrió 107 leguas de la costa norte de Cuba creyó pisar la tierra continental de Asia. Más tarde, sin más novedades que haber hallado lo que él creía ser el Cipango (una región de la Española), cambió de criterio y asignó a Cuba, distante tan solo unas 18 leguas, el calificativo de isla. En esto influía la autoridad de Toscanelli, quien afirmaba que entre el Cipango y la tierra firme oriental había una distancia de 1.500 millas o 375 leguas. Será en el segundo viaje colombino, tras recorrer 335 leguas de la costa norte cubana sin comprobar su insularidad, cuando mandó redactar al escribano de la carabela del Almirante un documento en que certificaba que aquello era la tierra firme asiática e incluso amenazó a quien dijera lo contrario con 10.000 maravedís de pena, corte de lengua y 100 azotes. Tan disparatada decisión nunca se cumplió.

En cuanto a las distancias del océano, Toscanelli había calculado que entre las costas occidentales de España-África y las más orientales de Asia la distancia era de 120 grados, y además añadía algo muy sugestivo: situar a mitad de camino la isla de la Antilia. Colón supo y demostró que de 120 grados de separación, nada. En este punto Toscanelli estaba totalmente equivocado. Al abandonar las Canarias durante el primer viaje e iniciar la travesía del Atlántico, entre las instrucciones que dio a los capitanes de la flota, una fue que no pensaba encontrar tierra hasta haber recorrido 750 leguas, y además, a esa altura, había que evitar navegar de noche por la peligrosidad de la zona. En el primer viaje se movió por una latitud inadecuada (más al norte), pero en el segundo viaje sucedió como él decía: a esa distancia se encuentra la «entrada de las Indias», la zona de las Once Mil Vírgenes, sembrada de islotes y bajíos peligrosísimos. Al atravesar esta zona por primera vez dirá un testigo, el doctor Chanca, que Colón navegaba «como si por camino sabido e seguido viniéramos».

Del cardenal francés d'Ailly tomó algunos detalles del máximo interés: le agradaba leer que las dimensiones del océano debían reducirse. Fue recogiendo lo que él sabía. También a través del francés descubre la opinión del seudoprofeta Esdras, para quien el mundo estaba repartido en seis partes de tierra y una de mar. Por tanto, el océano ocuparía tan solo una séptima parte, lo que significaba que era perfectamente navegable. Todo esto se ajustaba a las medidas que barajaba Colón.

Al mismo tiempo, en estas enciclopedias que manejaba, encontró muy interesante todo lo que señalaban de los lugares bíblicos (Paraíso Terrenal, Tarsis, Ofir, Reino de Saba), sobre las Amazonas, etc. Tras el triunfo de 1492, Colón, con la autoridad que le da sentirse instrumento divino, situará sobre el mapa de América —que para él es lo más extremo de Oriente— cada uno de estos nombres.

Durante la Edad Media, el Paraíso Terrenal se había convertido en un tema del que casi todos hablaban sin precisar nadie dónde localizarlo. Se decía, sí, que estaba en el fin del Oriente, que era tanto como no decir nada. Algunos habían escrito que estaba en un lugar prominente y que de su fuente manaban los cuatro grandes ríos paradisiales (Nilo, Ganges, Tigris y Éufrates), regando el Jardín de las Delicias y distribuyendo el agua por toda la tierra; que al caer las aguas hacían un ruido ensordecedor. Su clima era suave y agradabilísimo. A la vuelta del primer viaje, Colón nos sitúa el Paraíso Terrenal en la costa norte de la Española. Y durante el tercer viaje encuentra otro lugar más apto para la ubicación del Paraíso: las cercanías del golfo de Paria, costa norte de Venezuela donde los grandes ríos que desembocan allí (Orinoco) producían un ruido ensordecedor. A un lugar de las inmediaciones lo bautizó con el nombre de los Jardines, pues parecía estar pensando en los Jardines del Edén.

Después de conocer la Española, situará allí el reino de Tarsis, la isla de Ofir y los montes todos de oro o Sophora, adonde el rey Salomón enviaba a buscar tesoros para levantar su famoso templo.

El reino de Saba también tiene su localización en la mente colombina. Durante el segundo viaje la identifica con la isla *grossa,* sobre la que no hay acuerdo por parte de los historiadores. Pero su descubrimiento nos lo ha transmitido así Cuneo, testigo del hecho: dice que a la vista de la isla, Colón se dirigió a los expedicionarios de la siguiente manera: «Señores míos: os quiero llevar al lugar de donde salió uno de los tres reyes magos que vinieron adorar a Cristo; el cual lugar se llama Saba». Y cuando hubimos llegado a aquel lugar (sigue contando Cuneo) y preguntamos a los naturales su nombre nos dijeron que se llamaba Sobo. Entonces el señor Almirante nos dijo que Saba y Sobo era la misma palabra pero que no la pronunciaban bien allí».

En las apostillas que hizo a los libros que leía, a Colón le preocupó mucho lo que se decía de las mujeres guerreras o amazonas de las Indias. Colón sabe que hay una isla (Matininó) ocupada solo por mujeres y organizada en república femenina, que se dedican a ejercicios varoniles, especialmente la guerra, que demuestran capacidad de navegación y se unen a los hombres (antropófagos caribes) con fines exclusivamente procreadores. El encaje que hace de este hecho es que tales amazonas tenían que ser la descendientes de las amazonas de la Antigüedad, que desde el Cáucaso, en un movimiento migratorio, habían llegado hasta el fin del Oriente, pues las situaba en la entrada de las Indias, que para él era el Oriente más extremo.

Para estar preparados ante cualquier comisión de expertos, hace mediciones por su cuenta. Va y viene de Guinea, y en sus comprobaciones sobre los cálculos de un grado terrestre coincide con Alfraganus: 56 millas y 2/3. Por tanto, la circunferencia del Ecuador sería de 20.400 millas o 5.100 leguas (1 legua = 4 millas). Precisión casi absoluta en el sabio árabe: unos 40.000 kilómetros para la circunferencia del Ecuador, porque utiliza la milla árabe de casi 2.000 metros. Sin embargo, Colón achica la esfera terrestre y da al Ecuador una medida de unos 30.000 kilómetros, es decir, 1/4 menor, porque está manejando la milla itálica (casi 1.500 metros).

Cuando tuvo que defender este proyecto ante los portugueses (1483-1484), estos se lo rechazaron. De medi-

ciones y de cálculos reales, lo mismo que sobre Toscanelli, ellos sabían mucho más que Colón. No les aportaba
nada nuevo. Quizá no les contó todo lo que sabía por una
elemental cautela, y encima exigía mucho. Así que Colón
tenía que buscar otro príncipe que lo respaldara.

DESPUÉS DE PORTUGAL,
CASTILLA NO ERA MAL PARTIDO

El peregrinaje colombino por tierras castellanas hasta
el triunfo de 1492 duró siete años de idas y venidas siempre cerca de la corte, de buscar apoyos, de ser recibido y
escuchado por los reyes, de discutir condiciones y, al fin,
de obtener lo que pedía para culminar la navegación más
grande de la Historia.

Entre finales de 1484 y la primavera de 1485, Cristóbal Colón abandonó secretamente Portugal, probablemente por mar, y entró en Castilla a través de la ría de
Huelva. Quizá el primer destino fuera Palos de la Frontera. Nadie ha probado cuál fue el motivo por el que la
justicia portuguesa lo seguía, pero es un hecho cierto que
huyó con una causa pendiente. Algunos han aventurado
como hipótesis que pudo sustraer algún documento relacionado con los descubrimientos oceánicos de los archi-
vos reales, como, por ejemplo, la carta de Toscanelli. Tampoco hay que descartar que estuviera implicado en alguna
revuelta nobiliaria.

Nuestro futuro descubridor venía acompañado de su
hijo Diego Colón, un niño con aproximadamente tres
años. Traía la intención de dejarlo con sus cuñados los
Muliarte, que vivían en Huelva, mientras él quedaba libre
para gestionar su proyecto en la corte. Sin embargo, antes
de dirigirse a Huelva, hizo su primera visita al monaste-

rio franciscano de Santa María de La Rábida, donde encontró posada, algo de comida y los primeros apoyos de alguno de sus frailes.

La primera preocupación del descubridor fue indagar dónde se encontraba el Consejo Real y acudir a su presencia en Córdoba, con el fin de presentarle algún avance de su proyecto descubridor, que fue rechazado. Probablemente ni los consejeros eran los más idóneos para dictaminar sobre asunto de tanta enjundia, ni el mismo Colón sería muy claro, ni destaparía todas sus bazas.

El siguiente paso fue recurrir a la entrevista personal con los reyes, que se produjo el 20 de enero de 1486 en el Palacio Arzobispal de Alcalá de Henares, que servía de residencia a los monarcas. Aquí parece que se encontró con fray Antonio de Marchena, un hombre influyente en la orden franciscana y en la corte. Era también un sabio astrólogo, además de un apoyo incondicional para Colón: «Nunca yo hallé ayuda de nadie, salvo de fray Antonio de Marchena, después aquella de Dios eterno», llegará a decir más tarde el descubridor. Para explicar este apoyo tan incondicional de un hombre de Iglesia, es posible que Colón se sincerara con él y «en poridad», que dice López de Gómara, es decir, en secreto de confesión, le contara lo mucho que sabía.

Otro religioso que le ayudará mucho durante estos años en Castilla fue el influyente fraile dominico Diego de Deza, profesor de Teología en la Universidad de Salamanca y maestro del hijo de los Reyes Católicos. De él dice Colón en carta a su hijo, el 21de noviembre de 1504: «Siempre desque yo vine a Castilla, me ha favorecido y deseado mi honra».

Además de estos dos «frailes constantes», algunos personajes influyentes que se cruzaron en la vida colombina fueron, entre otros, fray Hernando de Talavera, confesor de la reina; Alonso de Quintanilla, contador mayor de cuentas; don Pedro González de Mendoza, arzobispo de Toledo; Luis de Santángel, escribano de ración del monarca y decisivo al final; Juan Cabrero, camarero del rey Fernando, también decisivo en los últimos momentos; Gabriel Sánchez, tesorero aragonés, del que no sabemos mucho, pero tuvo que ser significativo, ya que fue uno de los destinatarios de la famosa Carta de Colón anunciando el Descubrimiento.

Entre finales de 1486 y principios de 1487 los reyes debieron de encomendar a una Junta de expertos, presididos por fray Hernando de Talavera, estudiar y dictaminar sobre el proyecto descubridor colombino. Y todos «concordaban que era imposible ser verdad lo que el Almirante decía». La ciencia estaba en contra, lo mismo que lo había estado en Portugal.

En medio de todas estas negociaciones, la guerra de Granada se alzaba como un obstáculo para cualquier empresa nueva. Dicho conflicto no acababa de concluir y entorpecía cualquier otro proyecto, como el colombino. A finales de 1487, se pensaba que era inminente el final de la citada guerra, por lo que los monarcas, a pesar del informe negativo de la Junta de Salamanca sobre el proyecto descubridor, no terminaron de despedir a Colón. Incluso, le ordenaron que se presentara ante ellos en el real de Málaga.

Entre los años 1487 y 1488, la necesidad obligó a Colón, por entonces en Córdoba, a tener que vivir de sus manos «haciendo o pintando cartas de marear» que vendía a los navegantes. También se convirtió en «mercader de libros de estampa», es decir, de los libros que iban apareciendo de la naciente imprenta. Durante sus estancias en Córdoba conoció a Beatriz Enríquez de Arana, que terminó dándole un hijo: Hernando Colón.

Tras el paréntesis de su rápido viaje a Portugal en 1488, llamado por el monarca lusitano Juan II, y después de presenciar la llegada al puerto de Lisboa de Bartolomé Díaz, tras descubrir el cabo de Buena Esperanza, las prisas y la angustia lo carcomían. Vuelto a Andalucía, frecuentó los palacios de los duques de Medina Sidonia y de Medinaceli. Este último quiso patrocinar el viaje, pero creyó obligación comunicárselo a la Reina Católica, quien le pidió que lo mandara a la corte para volver a tratar con él.

Entre 1489 y 1490, las conquistas cristianas de Baza, Guadix y Almería anunciaban la tan esperada toma de Granada. Será bien entrado el año 1491, cuando los reyes decidieron no mover a su poderoso ejército de las inmediaciones granadinas hasta culminar su triunfo; triunfo que, una vez más, se retrasaría para desesperanza y frustración del navegante.

Carcomiéndole la zozobra y muy desilusionado, Colón decidió abandonar Castilla por donde entró. Se dirigió a Huelva en busca de su hijo con el fin de probar fortuna en otras tierras y ante otros príncipes. Camino del extranjero, otra vez visitó La Rábida reclamando pan y agua para su hijo Diego que lo acompañaba. En la portería dio con fray Juan Pérez, confesor que había sido de la reina, quien se interesó por él y por su negocio. Entonces, el buen fraile escribió a la reina hablando del nauta, fue llamado y acudió a la corte, pero dejando a Colón «en seguridad de esperanza hasta que su Alteza le escribiese».

Corría el último trimestre de 1491 cuando, por orden de la reina, se entregó a Colón 20.000 maravedís para que se vistiese honestamente y se presentase ante Su Alteza. El 2 de enero presenció la toma de Granada. Se volvió a discutir su proyecto, y de nuevo se rechazó, entre otras cosas por las exigencias colombinas, que seguían intactas, es decir, elevadísimas. Otra vez fue despedido, y cuando se encontraba «en la puente que se dice de Pinos» fue mandado regresar. Esta vez fue ya la definitiva.

Durante estos días finales, aparte de los reyes Fernando e Isabel, que optaron ya por prescindir de la ciencia y apostar definitivamente por el proyecto colombino, estuvieron muy cerca el acaudalado Luis de Santángel, que prestó los dos mil quinientos escudos pedidos por el genovés para organizar la armada; igualmente debieron intervenir e influir fray Diego de Deza y fray Antonio de Marchena.

LAS *CAPITULACIONES* DE SANTA FE

El 17 de abril de 1492 se firmaron en Granada las *Capitulaciones* o *Capitulación de Santa Fe,* documento clave en la historia del descubrimiento de América y garantía que exigió el descubridor antes de hacerse a la mar. El tira y afloja vivido durante estos años fue la consecuencia lógica entre lo que exigía Colón y las reticencias de los reyes a la hora de aceptar las condiciones. Las Casas lo expresa así: «Hacía más difícil la aceptación de este negocio lo mucho que Cristóbal Colón, en remuneración de sus trabajos y servicios e industria, pedía».

El secretario, Juan de Coloma, en nombre de los reyes, y fray Juan Pérez, en el de Cristóbal Colón, fueron los encargados de elaborar y redactar tan importante documento. Más que una merced, que suponía una concesión graciosa y revocable cuando los monarcas lo consideraran oportuno, se trataba de un contrato, que obligaba por igual a ambas partes. Que esto fue así lo reconoce hasta el fiscal de la Corona en los posteriores Pleitos Colombinos.

Ya he tratado unas páginas atrás el contenido y significado del famoso preámbulo de las *Capitulaciones* desde la perspectiva predescubridora y lo que arrastra. El resto de su contenido era el siguiente:

1. El oficio de Almirante de la Mar Océana en todo lo que descubra o gane. Este oficio era vitalicio y hereditario, equiparando en todo a los que lo disfrutaran con el almirante mayor de Castilla, don Alfonso Enríquez.
2. Disfrutará de los oficios de virrey y gobernador en todo lo que él descubra o gane. No se habla de hereditariedad. Podrá presentar terna a los reyes para ocupar los cargos.
3. Obtendrá la décima parte de todas las ganancias dentro de su almirantazgo.
4. Este punto nunca se cumplió, ya que pretendía que fueran sus representantes los que resolvieran todos los pleitos derivados del tráfico con las nuevas tierras.
5. Poder participar con la octava parte de los gastos de cualquier armada, recibiendo a cambio la octava parte de los beneficios.

Pocos días después, el 30 de marzo, recibirá otro documento, que no era contrato, sino merced, y por tanto revocable, en el que se recogía el carácter hereditario de los oficios de virrey y gobernador. La confusión de estos dos documentos dará origen a pleitos posteriores.

El 12 de mayo, Cristóbal Colón dejó Granada y se dirigió a Palos de la Frontera a preparar la flota descubridora. Un presupuesto limitado (unos dos millones de maravedís); tres embarcaciones (las carabelas *Pinta* y *Niña,* y la nao *Santa María*); una contribución extraordinaria a cargo de la villa de Palos (costear las dos carabelas); aproximadamente 90 tripulantes, entre los que destacaban cuatro condenados que fueron sacados de las cárceles para participar en la armada, ponían a punto la flota, hasta que el 2 de agosto de 1492 Cristóbal Colón mandó embarcar a toda su gente:

> *Y otro día, viernes, que se contaron tres días del dicho mes de agosto, antes que el sol saliese con media hora, hizo soltar las velas y salió del puerto y barra que se dice de Saltés, porque así se llama aquel río de Palos.*

Comenzaba el gran viaje descubridor.

Cronología colombina

෯

1451. Nace Cristóbal Colón muy probablemente en Génova, aunque la ascendencia familiar pueda proceder de otro lugar.

1470. Actividades comerciales en el Mediterráneo con mercaderías de Génova y Savona.

1472-1474. Probables ocupaciones corsarias en el Mediterráneo.

1474. Viaje a la isla de Quíos (Xio) en el mar Egeo, que entonces pertenecía a Génova.

1476. Participación en la batalla del Cabo de San Vicente, seguido de naufragio y llegada forzosa de Colón a Portugal (puerto de Lagos y cerca de Sagres).

1477. Reside en Lisboa y viaja a Inglaterra, Bristol, Thule (Islandia), a Génova y al archipiélago de Madeira (azúcar).

1478. Negocios comerciales con importantes mercaderes genoveses.

1479. En Lisboa.

1478-1480. Casamiento de Cristóbal Colón con Felipa Moñiz y posible residencia en la isla de Porto Santo (Madeira)

1480-1482. Nacimiento de su hijo Diego Colón en la isla de Porto Santo (Madeira).

1482. Navega por el Atlántico con los portugueses y llega a Guinea. Visita el Castillo de la Mina.

1482-1484. Elabora su proyecto descubridor y se lo presenta al rey portugués Juan II, quien lo rechaza.

1485 (Primavera-verano). Huyendo de Portugal, entra en Castilla por Palos de la Frontera acompañado de su hijo Diego, y realiza la primera visita al monasterio de La Rábida de paso hacia Huelva.

1485-1486. Visita al duque de Medinaceli y reside un tiempo en su palacio del Puerto de Santa María.

1486 (20 de enero, Alcalá de Henares). Primera entrevista de Colón con los Reyes Católicos para presentarles su proyecto descubridor. Permanece cerca de la corte de los reyes por pueblos y ciudades.

1487. Para sobrevivir se ocupa de vender libros en Córdoba, donde conoce a Beatriz Enríquez de Arana, con la que tendrá a su hijo Hernando Colón.

1487. Los reyes mandan ayudar económicamente a Colón, el cual recibe hasta cuatro ayudas entre mayo y octubre.

1488 (15 de agosto, Córdoba). Nacimiento de Hernando Colón.

1488 (Diciembre, Lisboa). Presencia la llegada de Bartolomé Díaz de descubrir el cabo de Buena Esperanza.

1491. Segunda visita de Colón a La Rábida, donde siempre encontró apoyo. La intervención de fray Juan Pérez hará que los monarcas ordenen que Colón se presente de nuevo en la corte.

1492 (2 de enero, Granada). Colón presencia la toma de Granada y entabla el fin de las negociaciones para su viaje descubridor.

1492 (17 de abril, Granada). Se firman las *Capitulaciones* de Santa Fe.

1492   (30 de abril, Granada). Merced de los reyes ampliando los privilegios colombinos.

1492   (3 de agosto, Palos). Colón sale del puerto de Palos camino de las Canarias. Comienza el gran viaje descubridor.

1492   (9 de agosto). La flota descubridora llega a la Gomera.

1492   (6 de septiembre). Sale de la Gomera y comienza la travesía del Atlántico.

1492   (6-7 octubre). Primer motín en la armada por parte de los tripulantes de la *Santa María*.

1492   (9-10 octubre). Segundo motín en la armada. Esta vez es general. Los cálculos colombinos están fallando.

1492   (11-12 de octubre). Descubre la isla de Guanahaní (isla de San Salvador), en el archipiélago de Las Bahamas.

1492   (28 de octubre). Descubre la costa de Cuba, a la que llama Juana.

1492   (6 de diciembre). Descubre Haití, que bautiza como isla La Española.

1492   (24 de diciembre). Encalla la nao *Santa María* y funda el fuerte de la Navidad.

1493   (16 de enero). Da orden de regresar a España.

1493   (15 de febrero). Divisan las Azores, tras una gran tormenta.

1493   (4 de marzo). Llega a las costas de Lisboa.

1493   (15 de marzo). Entra con la carabela *Niña* en el puerto de Palos.

1493   (15 de febrero y 14 de marzo). Carta de Colón anunciando al mundo el descubrimiento.

1493   (Fines de abril). Los Reyes reciben a Colón en Barcelona, y poco después le confirman sus privilegios.

1493   (Mayo). Bulas alejandrinas.

1493   (25 de septiembre). Colón, al frente de una gran armada, sale del puerto de Cádiz camino del segundo viaje, pasando por las Canarias.

1493   (Noviembre). Después de una travesía muy rápida, descubre las Antillas Menores y Puerto Rico. El 28 de noviembre llega al fuerte de la Navidad y lo encuentra destruido.

1494   (Enero). Colón funda la ciudad de la Isabela, en la costa norte de La Española.

1494   (7 de junio, Tordesillas). Se firma el Tratado de Tordesillas.

1494-1495   (Entre noviembre y enero). Colón descubre la costa norte de América del Sur (Paria).

1495.   Enfermedades y hambres en la colonia. Colón sufre las primeras deserciones y fracasos.

1496   (20 de abril-11 junio). Regresa a Castilla y llega al puerto de Cádiz.

1497   (23 de abril). Confirmación de las *Capitulaciones* de Santa Fe.

1498   (22 de febrero). Institución de mayorazgo de Cristóbal Colón.

1498   (30 de mayo). Colón inicia su tercer viaje desde Sanlúcar de Barrameda. El 31 de julio divisaba a isla de Trinidad y días después llegaba a la costa de Paria. Oficialmente se descubría el continente sudamericano.

1498   (20 de agosto). Colón llega a la isla y la encuentra envuelta en rebeliones, como la de Roldán.

1499   (21 de mayo). Los reyes nombran a Francisco de Bobadilla como gobernador general de las Indias sustituyendo a Cristóbal Colón.

1500   (23 de agosto). Bobadilla arriba al puerto de Santo Domingo, destituyendo al Almirante. Al mes siguiente, el nuevo gobernador mandó prender a Cristóbal Colón y a sus hermanos.

1500 (Octubre-noviembre). Regresan los Colón cargados de cadenas. En diciembre se presentaba en la corte, que estaba en Granada.

1501 (3 de septiembre). Nombramiento de Nicolás de Ovando como nuevo gobernador de las Indias sustituyendo a Bobadilla.

1502 (11 de mayo). Colón inicia desde el puerto de Cádiz su cuarto viaje buscando un estrecho hacia la especiería.

1502 (Primeros de julio). Previene un huracán y salva de milagro, mientras que la flota de 28-30 navíos que regresaba con Bobadilla y sin hacer caso al Almirante se hunde a poco de salir de Santo Domingo.

1502-1503. Tras sufrir muy mal tiempo, llega a Centroamérica en busca de un estrecho, que no encuentra, y recorre las costas de Honduras, Nicaragua, Costa Rica y Panamá. No encuentra el estrecho y decide regresar a La Española.

1503 (Verano). Encalla en la bahía de Santa Ana en Jamaica. Hazaña de Diego Méndez y Fiesco recorriendo en una canoa desde Jamaica a Santo Domingo en busca de ayuda.

1504 (Marzo). El Almirante y su gente fue rescatada después de un año de espera. Durante ese tiempo sufrió la falta de colaboración de los indios y la rebelión de parte de su tripulación al frente de los Porras.

1504 (12 de septiembre). Regresa a Castilla, llegando a Sanlúcar de Barrameda el 7 de noviembre.

1504-1505. Permanece enfermo sin poderse mover en Sevilla. Eran frecuentes ya los ataques de gota o de artritis.

1504   (26 de noviembre). Muere la reina Isabel.

1505   (Finales de mayo). Inicia su camino a la corte a entrevistarse con el Rey Católico.

1506   (26 de abril, La Coruña). Desembarco de los nuevos reyes, Juana y Felipe el Hermoso, para hacerse cargo de la gobernación de Castilla. Colón escribe a los nuevos reyes.

1506   (19 de mayo, Valladolid). Testamento y Codicilo de Cristóbal Colón.

1506   (20 de mayo, Valladolid). Muerte de Cristóbal Colón. Le siguen las exequias en la iglesia de la Antigua y posteriormente su enterramiento en el monasterio de San Francisco.

Bibliografía

ど

ALTOLAGUIRRE Y DUVALE, Ángel: *Cristóbal Colón y Pablo del Pozzo Toscanelli,* Madrid, 1903.

ALVAR, Manuel: *Diario del Descubrimiento,* Cabildo Insular de Gran Canaria, 1976.

ARCE, J.: *Diario de a bordo,* 1971.

ARRANZ, Luis: *Diego Colón,* Madrid, 1972.

ASENSIO, J. M.: *Cristóbal Colón. Su vida. Sus viajes. Sus descubrimientos,* Barcelona, 1891.

BALLESTEROS Y BERETTA, A.: *Cristóbal Colón y el Descubrimiento de América* (tomos IV y V de la *Historia de América y de los pueblos americanos*), Barcelona, 1945-1947.

BOYD THACHER, J.: *Christopher Columbus: his life, his work, his remains,* Nueva York, 1903-04, 3 vols.

CASAS, Bartolomé de las: *Historia de las Indias,* B.A.E., 95-96, Madrid, 1957.

CIORANESCU, A.: *Primera biografía de Cristóbal Colón,* Tenerife, 1960.

Colección Documental del Descubrimiento (1470-1506), Madrid, 1994, 3 vols.

COLÓN, Hernando: *Historia del Almirante,* edición de Luis Arranz (Crónicas de América, vol. 1), Madrid, 1984.

CORTESÃO, J.: *Los portugueses* (tomo III de la *Historia General de América y de los pueblos americanos*),

Madrid-Barcelona, 1947. *Os descobrimentos portugueses,* Lisboa, 1947, 2 vols.

CHAUNU, P.: *La expansión europea (siglo XIII al XV),* vol. 26 de Nuevo Clío, Barcelona, 1977.

FERNÁNDEZ DE OVIEDO, G.: *Historia general y natural de las Indias,* B.A.E., 117, 118, 119, 120, Madrid, 1959.

GANDÍA, E.: *Historia de Colón,* Buenos Aires, 1942.

GOULD, A.: «Nueva lista documentada de los tripulantes de Colón en 1492», Bol. de la R. A. de la Historia, tomos 76, 85, 86, 87, 88, 90, 92, 110, 111 y 115, Madrid, 1920-1944.

HARISSE, H.: *Christophe Colomb, son origine, sa vie, ses voyages et ses descendants,* París, 1884, 2 vols.

HEERS, J.: *Christophe Colomb,* París, 1981. *Gênes au XVe siècle,* París, 1971.

JOS, E.: *El plan y la génesis del descubrimiento colombino,* Valladolid, 1979-1980.

GODINHO, V. M.: *A expansâo quatrocentista portuguesa,* Lisboa, 1944.

GIL, J., y VARELA, V.: *Cartas de particulares a Colón y relaciones coetáneas,* Madrid, 1984.

LEITE, D.: *História dos Descobrimentos. Colectánea de esparsos,* Lisboa, 1959-1962, 2 vols.

DE LOLLIS, C.: «Scriti di Cristoforo Colombo», en *Raccolta.*

MADARIAGA, S.: *Vida del Muy Magnífico Señor Don Cristóbal Colón,* Madrid, 1975.

MANZANO Y MANZANO, J.: *Cristóbal Colón. Siete años decisivos de su vida. 1485-1499,* Madrid, 1964. *Colón descubrió América del Sur en 1494,* Caracas, 1972. *Colón y su secreto,* Madrid, 1976.

MARAÑÓN, G.: *Diario de Colón,* Madrid, 1972.

MENÉNDEZ PIDAL, R.: *La lengua de Cristóbal Colón y otros ensayos,* Madrid, 1942.

MILHOU, A.: *Colón y su mentalidad mesiánica en el ambiente franciscanista español,* Valladolid, 1983.

MORISON, S. E.: *El almirante de la Mar Océano,* Buenos Aires, 1945. *Christopher Columbus, mariner,* Londres, 1956.

NAVARRETE, M. FERNÁNDEZ DE: *Colección de viajes y descubrimientos que hicieron por mar los españoles desde fines del siglo XV,* B.A.E., vols. 75, 76 y 77, Madrid, 1954.

ORTEGA, A.: *La Rábida, historia documental crítica indiana,* Sevilla, 1925-26, 4 vols.

PARRY, J. H.: *La época de los descubrimientos geográficos, 1450-1620,* Madrid, 1964.

PÉREZ BUSTAMANTE, C.: *Libro de los privilegios del Almirante don Cristóbal Colón (1498),* Madrid, 1951.

PÉREZ EMBID, F.: *Los descubrimientos en el Atlántico y la rivalidad castellano-portuguesa hasta el tratado de Tordesillas,* Sevilla, 1948.

PÉREZ EMBID, F., y VERLINDEN, Ch.: *Cristóbal Colón y el descubrimiento de América,* Madrid, 1967.

PÉREZ DE TUDELA Y BUESO, J.: *Las armadas de Indias y los orígenes de la política de colonización (1492-1505),* Madrid, 1956. *Mirabilis in altis,* Madrid, 1983.

RACCOLTA DI DOCUMENTI E STUDI PUBLICATI DALLA REALE COMISSIONE COLOMBIANA: XII vols., dirigida por Cesare de Lollis, 1892-1894.

RAMOS, D.: *Los contactos trasatlánticos decisivos, como precedentes del viaje de Colón,* Madrid-Las Palmas, 1971. *La Carta de Colón sobre el descubrimiento,* Granada, 1983.

RUMEU DE ARMAS, A.: *Hernando Colón, historiador del Descubrimiento de América,* Madrid, 1973. *España en el África Atlántica,* Madrid, 1956, 2 vols.

SANZ, C.: *Diario de Colón. Libro de la primera navegación y Descubrimiento de las Indias,* Madrid, 1962. *La Carta de Colón,* Madrid, 1962.

TAVIANI, P. E.: *Cristóbal Colón: génesis del gran descubrimiento,* Barcelona, 1977, 2 vols.

VARELA, C.: *Cristóbal Colón. Textos y documentos completos,* Madrid, 1982, y *Cristóbal Colón. Retrato de un hombre,* Madrid, 1992.

VIGNAUD, H.: *Histoire critique de la grande entreprise de Christophe Colomb,* París, 1911, 2 vols.

DIARIO DE A BORDO

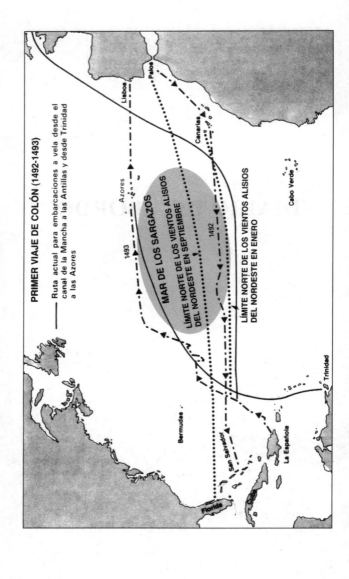

PRIMER VIAJE DE COLÓN (1492-1493)

—— Ruta actual para embarcaciones a vela desde el canal de la Mancha a las Antillas y desde Trinidad a las Azores

MAR DE LOS SARGAZOS

LÍMITE NORTE DE LOS VIENTOS ALISIOS DEL NORDESTE EN SEPTIEMBRE

LÍMITE NORTE DE LOS VIENTOS ALISIOS DEL NORDESTE EN ENERO

Azores

Lisboa

Palos

Canarias

1493

1492

Cabo Verde

Bermudes

Florida

San Salvador

La Española

Trinidad

Este es el primer viaje y las derrotas y camino que hizo el Almirante don Cristóbal Colón cuando descubrió las Indias, puesto sumariamente, sin el Prólogo que hizo a los reyes, que va a la letra y comienzo de esta manera [1].

IN NOMINE DOMINI NOSTRI IHESU CHRISTI

Porque, cristianísimos y muy altos y muy excelentes y muy poderosos príncipes, Rey y Reina de las Españas y de las islas de la mar, Nuestros Señores, este presente año de 1942, después de Vuestras Altezas haber dado fin a la guerra de los moros que reinaban en Europa y haber acabado la guerra en la muy grande Ciudad de Granada, adonde este presente año, a dos días del mes de enero, por fuerza de armas vide poner las banderas reales de Vuestras Altezas en las torres de la Alhambra, que es la fortaleza de la dicha ciudad, y vide salir al rey moro a las puertas de la ciudad y besar las reales manos de Vuestras

---

[1] El original colombino sobre su primer viaje se ha perdido. El padre Las Casas lo conoció y lo utilizó, salvándolo gracias a que lo incorporó a su *Historia de las Indias*. Actualmente la copia manuscrita de Las Casas se conserva en la Biblioteca Nacional de Madrid.

Altezas y del Príncipe mi Señor, y luego en aquel presente
mes [2], por la información que yo había dado a Vuestras
Altezas de las tierras de India [3] y de un príncipe que es llamado Gran Can, que quiere decir en nuestro romance Rey
de los Reyes, como muchas veces él, y sus antecesores
habían enviado a Roma a pedir doctores en nuestra Santa
fe porque le enseñasen en ella y que nunca el Santo Padre
le había proveído, y se perdían tantos pueblos cayendo en
idolatrías e recibiendo en sí sectas de perdición, y Vuestras Altezas como Católicos cristianos y príncipes ama-
dores de la Santa fe cristiana y acrecentadores de ella, y
enemigos de la secta de Mahoma y de todas idolatrías y
herejías, pensaron de enviarme a mí, Cristóbal Colón, a
las dichas partidas [4] de India para ver los dichos príncipes
y los pueblos y las tierras y la disposición de ellas y de
todo, y la manera que se pudiera tener para la conversión
de ellas a nuestra santa fe; y ordenaron que yo no fuese
por tierra al Oriente, por donde se acostumbra de andar,
salvo por el camino de Occidente, por donde hasta hoy no
sabemos por cierta fe que haya pasado nadie. Así que,
después de haber echado fuera todos los judíos de todos
vuestros Reinos y Señoríos, en el mismo mes de enero [5]

---

[2] Ha sido muy discutida esta imprecisión cronológica porque, según se sabe, las *Capitulaciones* entre Colón y los Reyes Católicos para
llevar a cabo el Descubrimiento fueron firmadas en Santa Fe el 17 de
abril de 1492, y no en enero.

[3] He aquí el objetivo claro del primer viaje: llegar por la ruta de
Occidente a los dominios orientales de la India del Gran Khan, a quien
se conocía en Europa por los escritos que dos siglos antes hiciera
Marco Polo.

[4] En el sentido de partes.

[5] El decreto de expulsión de los judíos fue firmado el 31 de marzo
de 1492. Se les daba de plazo tres meses para abandonar España.

mandaron Vuestras Altezas a mí; que con armada suficiente me fuese a las dichas partidas de India; y para ello
me hicieron grandes mercedes y me ennoblecieron, que
dende en adelante yo me llamase Don y fuese Almirante
Mayor de la mar Océana y Visorrey e Gobernador per-
petuo de todas las islas y tierra firme que yo descubriese
y ganase, y de aquí adelante se descubriesen y ganasen
en la mar Océano, y así sucediese mi hijo mayor, y él
así de grado en grado para siempre jamás [6]. Y partí
yo de la Ciudad de Granada a 12 días del mes de mayo
del mismo año de 1492, en sábado, y vine a la villa de
Palos, que es puerto de mar, adonde yo armé tres navíos muy aptos para semejante hecho, y partí de dicho
puerto muy abastecido de muy muchos mantenimientos y
de mucha gente de la mar, a tres días del mes de agosto de
dicho año, en un viernes, antes de la salida del sol con media hora, y llevé el camino de las islas Canarias de Vuestras Altezas, que son en la dicha mar Océana, para de allí
tomar mi derrota y navegar tanto que yo llegase a las Indias, y dar la embajada de Vuestras Altezas a aquellos
príncipes y cumplir lo que así me habían mandado; y para
esto pensé de escribir todo este viaje muy puntualmente,
de día en día, todo lo que yo hiciese y viese y pasase,
como adelante se verá. También, Señores Príncipes, allende
de escribir cada noche lo que el día pasare, y el día lo que
la noche navegare, tengo propósito de hacer carta nueva
de navegar, en la cual situaré toda la mar y tierras del mar
Océano en sus propios lugares, debajo su viento, y más,
componer un libro y poner todo por el semejante por

---

[6] Más que a las *Capitulaciones* de Santa Fe, estas concesiones se
refieren a otras mercedes concedidas por los monarcas el 30 de abril de
1492 también en Granada.

pintura, por latitud del equinocial y longitud del Occidente [7], y sobre todo cumple mucho que yo olvide el sueño y tiente mucho el navegar, porque así cumple, las cuales serán gran trabajo [8].

Viernes, 3 de agosto

Partimos viernes 3 días de agosto de 1492 años, de la barra de Saltes [9], a las ocho horas. Anduvimos con fuerte

---

[7] No lo cumplió, por lo que los Reyes Católicos se lo reclamarán en 1493, para su conocimiento y uso personal.

[8] Todo este prólogo ha sido muy discutido por los historiadores, sin que la polémica haya concluido aún. La causa está en los descuidos cronológicos y espaciales, incomprensibles cuando el recuerdo de tales acontecimientos estaba aún tan reciente. Para su explicación se han expuesto cuatro teorías: 1) Que todo el prólogo sea una interpolación total o parcial realizada por Colón o por algún miembro de su familia después del viaje. 2) Que se trate de una síntesis colombina que soslaye la ruptura que se produce en enero de 1492 entre los reyes y el descubridor por haber rectificado la reina Isabel con prontitud. En este mismo sentido cabría la posibilidad de que la expulsión de los judíos se hubiera decidido en enero, aunque el decreto se formalizara el 31 de marzo. 3) Que estos errores sean defectos de transcripción, achacables a Bartolomé de Las Casas a través de cuya pluma conocemos hoy el Diario. 4) Que tales errores cronológicos y de lugar hayan sido supeditados a la prioridad de un orden ideológico, al poner Colón en un mismo plano sucesos de igual importancia, como eran la toma de Granada, la expulsión de los judíos y la expedición política y misionera hacia el Catay.

[9] Cristóbal Colón mandó embarcar a toda su gente el jueves 2 de agosto en el puerto de Palos, y en la madrugada del día 3, media hora antes de salir el sol, ordenó soltar amarras (Las Casas, *Historia I,* cap. 34). La barra de Saltés es la ría que forman en su desembocadura los ríos Tinto y Odiel.

virazón [10] hasta el poner del sol hacia el Sur sesenta millas, que son 15 leguas [11]; después al Sudueste y al Sur cuarta del Sudueste [12], que era el camino para las Canarias.

Sábado, 4 de agosto

Anduvieron al Sudueste cuarta del Sur.

Domingo, 5 de agosto

Anduvieron su vía entre día y noche más de cuarenta leguas.

Lunes, 6 de agosto

Saltó o desencajose el gobernario [13] a la carabela *Pinta*, donde iba Martín Alonso Pinzón, a lo que se creyó o sospechó por industria de un Gómez Rascón y Cristóbal Quintero, cuya era la carabela, porque le pesaba ir

---

[10] *Virazón* es el viento que en las costas sopla de la parte del mar durante el día, alternando con el terral, que sopla de noche, y sucediéndose ambos con bastante regularidad en todo el curso del año, mientras no hay temporal.

[11] La legua equivalía en los cálculos colombinos a 4 millas itálicas o romanas (unos 5.500 metros). Y una milla de estas tenía entre 1.477 y 1.480 metros.

[12] En la época de Colón la navegación no se hacía en función de grados sino de vientos. Los vientos principales se habían reducido a ocho; los rumbos intermedios eran los medios vientos, y la *cuarta* era el nombre de cada una de las 32 partes en que se dividía la *rosa de los vientos*.

[13] Timón. El 7 de agosto en lugar de *gobernario* emplea *gobernalle*.

aquel viaje, y dice el Almirante que antes que partiesen había hallado en ciertos reveses y grisquetas [14], como dicen, a los dichos. Vídose allí el Almirante en gran turbación por no poder ayudar a la dicha carabela sin su peligro, y dice que alguna pena perdía con saber que Martín Alonso Pinzón era persona esforzada y de buen ingenio. En fin, anduvieron entre día y noche veinte y nueve leguas.

Martes, 7 de agosto

Tornose a saltar el gobernalle a la *Pinta,* y adobáronlo y anduvieron en demanda de la isla de Lanzarote que es una de las islas de Canarias, y anduvieron entre día y noche veinticinco leguas.

Miércoles, 8 de agosto

Hubo entre los pilotos de las tres carabelas opiniones diversas dónde estaban, y el Almirante salió más verdadero, y quisiera ir a Gran Canaria por dejar la carabela *Pinta,* porque iba mal acondicionada del gobernario y hacía agua, y quisiera tomar allí otra si la hallara; no pudieron tomarla aquel día.

Jueves, 9 de agosto

Hasta el domingo en la noche no pudo el Almirante tomar la Gomera, y Martín Alonso quedose en aquella costa

---

[14] Diminutivo de *grescas;* disputas.

de Gran Canaria por mandado del Almirante, porque no podía navegar. Después tornó el Almirante a Canaria y adobaron muy bien la *Pinta* con mucho trabajo y diligencia del Amirante, de Martín Alonso y de los demás, y al cabo vinieron a la Gomera. Vieron salir gran fuego de la sierra de la isla de Tenerife [15], que es muy alta en gran manera. Hicieron la *Pinta* redonda, porque era latina [16]; tornó a la Gomera, domingo a dos de septiembre con la *Pinta* adobada.

Dice el Almirante que juraban muchos hombres honrados españoles que en la Gomera estaban con doña Inés Peraza [17], madre de Guillén Peraza que después fue el primer Conde de la Gomera, que eran vecinos de la isla del Hierro, que cada año veían tierra [18] al Oeste de las Canarias, que es al Poniente, y otros de la Gomera afirmaban otro tanto con juramento. Dice aquí el Almirante que se

---

[15] Parece comprobado que Colón no estuvo en Tenerife. Sin embargo, es evidente que se refiere al Teide, o a algún volcán secundario aunque no haya constancia histórica de su erupción por esas fechas.

[16] Según Hernando Colón, el aparejo que se cambió fue el de la *Niña,* transformando la vela latina en redonda para que ganase seguridad. Aparte de cualquier modificación que pudiera sufrir el aparejo de la *Pinta,* lo seguro fue el arreglo del timón.

[17] Doña Inés de Peraza era señora de Canarias en 1454. En estos momentos de 1492 ocupaba esta posición doña Beatriz de Bobadilla, viuda de Hernán Peraza de Ayala y Rojas, señor de Canarias, muerto en 1487.

[18] A lo largo de estos años los marineros de la zona decían ver aparecer y desaparecer en el océano islas de leyendas, que fueron bautizando con el nombre de San Brandan o San Borondón, de las Siete Ciudades y Antilla. Todavía en el siglo XVIII la isla de San Borondón tenía tanta fuerza sugestiva como para que una expedición se empeñara en descubrirla.

acuerda que estando en Portugal el año de 1484 vino uno [19] de la isla de la Madera al rey a le perdir una carabela para ir a esta tierra que venía, el cual juraba que cada año la veía y siempre de una manera. Y también dice que se acuerda que lo mismo decían en las islas de los Azores y todos estos en una derrota y en una manera de señal y en una grandeza. Tomada, pues, agua y leña y carnes y lo demás que tenían los hombres que dejó en la Gomera el Almirante cuando fue a la isla de Canarias a adobar la carabela *Pinta,* finalmente se hizo a la vela de la dicha isla de la Gomera con sus tres carabelas, jueves a seis días de septiembre [20].

Jueves, 6 de septiembre

Partió aquel día por la mañana del puerto de la Gomera y tomó la vuelta para ir su viaje y supo el Almirante de una carabela que venía de la Isla del Hierro que andaban por allí tres carabelas de Portugal para lo tomar [21]; debía de ser de envidia que el Rey tenía por haberse ido a Castilla. Y anduvo todo aquel día y noche en calma y a la mañana se halló entre la Gomera y Tenerife.

---

[19] Acaso se refiera a Vicente Díaz.

[20] Del puerto de San Sebastián en la Gomera. Este día, dice Hernando, *se puede contar como principio de la empresa y del viaje por el Océano.*

[21] Por el Tratado de Alcaçova (1479) entre Castilla y Portugal, se prohibía a cualquier embarcación castellana navegar al sur del paralelo canario. En este sentido, los Reyes Católicos habían dado *instrucciones* tajantes a Colón de cumplirlo.

Viernes, 7 de septiembre

Todo el viernes y el sábado, hasta tres horas de noche, estuvo en calmas.

Sábado, 8 de septiembre

Tres horas de noche sábado comenzó a ventar Nordeste, y tomó su vía y camino al Oeste. Tuvo mucha mar por proa que le estorbaba el camino; y andarían aquel día nueve leguas con su noche.

Domingo, 9 de septiembre

Anduvo aquel día 15 leguas, y acordó contar menos de las que andaba, porque si el viaje fuese luengo no se espantase y desmayase la gente. En la noche anduvo ciento y veinte millas, a diez millas por hora, que son 30 leguas. Los marineros gobernaban mal, decayendo sobre la cuarta del Norueste y aún a la media partida; sobre lo cual les riñó el Almirante muchas veces.

Lunes, 10 de septiembre

En aquel día con su noche anduvo sesenta leguas, a diez millas por hora, que son dos leguas y media; pero no contaba sino cuarenta y ocho leguas, porque no se asombrase la gente si el viaje fuese largo.

Martes, 11 de septiembre

Aquel día navegaron a su vía, que era el Oueste, y anduvieron 20 leguas y más, y vieron un gran trozo de mástil de nao de ciento y veinte toneles, y no lo pudieron tomar. La noche anduvieron cerca de veinte leguas, y contó no más de diez y seis por la causa dicha.

Miércoles, 12 de septiembre

Aquel día, yendo su vía, anduvieron en noche y día 33 leguas, contando menos por la dicha causa.

Jueves, 13 de septiembre

Aquel día con su noche, yendo a su vía, que era el Oueste, anduvieron treinta y tres leguas, y contaba tres o cuatro menos. Las corrientes le eran contrarias. En este día, al comienzo de la noche, las agujas noruestaban, y la mañana nordesteaban algún tanto [22].

---

[22] Es el primero en señalar la variación de las agujas de la brújula. Acababa de descubrir la rotación diurna de la Estrella Polar, y por tanto la diferencia entre el Norte magnético y el Norte geográfico. Durante la Edad Media se creía que la Estrella Polar permanecía inmutable y señalaba el verdadero Norte. Equivocadamente, muchos han atribuido la primera observación de este fenómeno a Sebastián Caboto, que comenzó sus viajes en 1497, o a Grignon, en 1534. Para Morison, lo verdaderamente asombroso fue que esta pequeña variación fuera observada en rosas de los vientos como las que llevaban aquellos marineros.

Viernes, 14 de septiembre

Navegaron aquel día su camino al Oueste con su noche, y anduvieron 20 leguas; contó alguna menos. Aquí dijeron los de la carabela *Niña* que habían visto un garjao y un rabo de junco; y estas aves nunca se apartan de tierra, cuando más veinticinco leguas.

Sábado, 15 de septiembre

Navegó aquel día con su noche 27 leguas su camino al Oueste y algunas más. Y en esta noche al principio de ella vieron caer del cielo un maravilloso ramo de fuego en la mar, lejos de ellos cuatro o cinco leguas.

Domingo, 16 de septiembre

Navegó aquel día y la noche a su camino el Oueste. Andarían treinta y nueve leguas, pero no contó sino 36. Tuvo aquel día algunos nublados; lloviznó. Dice aquí el Almirante que hoy y siempre de allí adelante hallaron aires temperantísimos, que era placer grande el gusto de las mañanas, que no faltaba sino oír ruiseñores. Dice él: *«y era el tiempo como por abril en el Andalucía».* Aquí comenzaron a ver muchas manadas de hierba [23] muy verde que

---

[23] Se trata del Mar de los Sargazos, inmenso prado de algas que ocupa el centro del océano en forma de una gigantesca elipse y con una extensión semejante a la de Europa. La teoría colombina de que se trataba de hierbas que crecían en los fondos submarinos y eran arrancadas por las tormentas fue aceptada hasta hace un siglo, en que se demostró la inexistencia de tales fondos.

poco había, según le parecía, que se había desapegado de tierra, por lo cual todos juzgaban que estaban cerca de alguna isla, pero no de tierra firme, según el Almirante, que dice: *«porque la tierra firme hago más adelante»*.

Lunes, 17 de septiembre

Navegó a su camino el Oueste, y andarían en día y noche cincuenta leguas y más; no asentó sino 47. Ayudábales la corriente.

Vieron mucha hierba, y muy a menudo, y era hierba de peñas y venían las hierbas de hacia Poniente. Juzgaban estar cerca de tierra. Tomaron los pilotos el Norte, marcándolo, y hallaron que las agujas noruesteaban una gran cuarta, y temían los marineros y estaban penados y no decían de qué. Conociolo el Almirante; mandó que tornasen a marcar el Norte en amaneciendo, y fue porque la estrella que parece hace movimiento y no las agujas [24]. En amaneciendo, aquel lunes vieron muchas más yerbas y que parecían hierbas de ríos, en las cuales hallaron un cangrejo vivo [25], el cual guardó el Almirante. Y dice que aquellas fueron señales ciertas de tierra, porque no se hallan ochenta leguas de tierra. El agua de la mar hallaban menos salada desde que salieron de las Canarias [26], los aires siempre más suaves. Iban muy alegres todos, y los navíos,

---

[24] He aquí la acertada respuesta de un gran observador muy seguro de sí mismo. Lo mismo hará el 30 de septiembre.

[25] Se trata del *Nautilus grapsus minutus,* un cangrejo del tamaño de un pulgar.

[26] Esta afirmación, fruto exclusivo de su fantasía, debe ser relacionada con el convencimiento colombino de que se acercaba al Paraíso Terrenal.

quien más podía andar andaba por ver primero tierra. Vieron muchas toninas [27], y los de la *Niña* mataron una. Dice aquí el Almirante que aquellas señales eran del Poniente, *«donde espero en aquel alto Dios, en cuyas manos están todas las victorias, que muy presto nos dará tierra»*. En aquella mañana dice que vido una ave blanca que se llama rabo de junco que no suele dormir en la mar.

Martes, 18 de septiembre

Navegó aquel día con su noche, y andarían más de cincuenta y cinco leguas, pero no asentó sino 48. Llevaba en todos estos días mar muy bonanza, como en el río de Sevilla. Este día Martín Alonso con la *Pinta,* que era gran velera, no esperó, porque dijo el Almirante desde su carabela que había visto gran multitud de aves ir hacia el Poniente, y que aquella noche esperaba ver tierra y por eso andaba tanto. Apareció a la parte del Norte una gran cerrazón, que es señal de estar sobre la tierra.

Miércoles, 19 de septiembre

Navegó su camino, y entre día y noche andaría veinticinco leguas, porque tuvieron calma; escribió veintidós. Este día, a las diez horas, vino a la nao un alcatraz y a la tarde vieron otro, que no suelen apartarse veinte leguas de tierra. Vinieron unos llovizneos sin viento, lo que es señal cierta de tierra. No quiso detenerse barloventeando el Almirante para averiguar si había tierra, más de que tuvo por cierto que a la banda de Norte y de Sur había algunas Is-

---

[27] Atunes.

las [28], como en la verdad lo estaban y él iba por medios de ellas. Porque su voluntad era de seguir adelante hasta las Indias, *«y el tiempo es bueno, porque placiendo a Dios a la vuelta todo se verían»*. Estas son sus palabras.

Aquí descubrieron sus puntos los pilotos: el de la *Niña* se hallaba de las Canarias 440 leguas; el de la *Pinta* 420; el de la donde iba el Almirante 400 justas [29].

Jueves, 20 de septiembre

Navegó este día al Oeste cuarta del Norueste y a la media partida, porque se mudaron muchos vientos con la calma que había. Andarían hasta siete y ocho leguas. Vinieron a la nao dos alcatraces y después otro, que fue señal de estar cerca de tierra; y vieron mucha hierba [30], aunque el día pasado no habían visto de ella. Tomaron un pájaro con la mano que era como garjao; era pájaro de río y no de mar, los pies tenía como gaviota. Vinieron al navío, en amaneciendo, dos o tres pajaritos de tierra cantando, y después, antes del Sol salido, desaparecieron. Después vino un alcatraz; venía de Ouesnorueste; iba al Sueste, que era señal que dejaba la tierra al Ouesnorueste, porque estas aves duermen en tierra y por la ma-

---

[28] A esta distancia —aproximadamente 400-450 leguas al Oeste de las Canarias— Colón situaba en su mapa algunas islas imaginadas que fueron cobrando fuerza en relación directa con la aparición del Sargazo.

[29] Sancho Ruiz era piloto de la *Niña;* Cristóbal García Sarmiento, de la *Pinta,* y Peralonso Niño, de la *Santa María.*

[30] Cuenta Hernando que en este punto lanzaron la sonda de profundidad sin que 200 brazas de cuerda tocaran fondo.

ñana van a la mar a buscar su vida, y no se alejan veinte leguas.

Viernes, 21 de septiembre

Aquel día fue todo lo más calma y después algún viento. Andarían entre día y noche, de ello a la vía [31] y de ello no, hasta 13 leguas. En amaneciendo, hallaron tanta hierba que parecía ser la mar cuajada de ellas, y venía del Oueste. Vieron un alcatraz. La mar muy llana como un río y los aires los mejores del mundo. Vieron una ballena, que es señal que estaban cerca de tierra, porque siempre andan cerca.

Sábado, 22 de septiembre

Navegó al Ouesnorueste más o menos, acostándose a una y a otra parte. Andarían treinta leguas. No veían casi hierba. Vieron unas pardelas [32] y otra ave. Dice aquí el Almirante: *«Mucho me fue necesario este viento contrario, porque mi gente andaban muy estimulados, que pensaban que no ventaban en estos mares vientos para volver a España»* [33].

---

[31] *Andar a la vía* era seguir su camino sin desplazarse.

[32] Ave acuática parecida a la gaviota, aunque más pequeña. Otras veces se la identifica con una especie de pato marino.

[33] Todos los conocedores de la navegación a vela por el océano reconocen la inmensa fortuna que acompañó a esta primera expedición descubridora. Hoy nadie recomendaría utilizar en tales fechas —septiembre-octubre— la latitud del paralelo de las Canarias (28° norte) por corresponder al límite septentrional de los alisios del nordeste y estar

Por un pedazo de día no hubo hierba, después muy espesa.

Domingo, 23 de septiembre

Navegó al Norueste y a las veces a la cuarta de Norte y a las veces a su camino, que era el Oueste; y andaría hasta veintidós leguas. Vieron una tórtola y un alcatraz y otro pajarito de río y otras aves blancas. Las hierbas eran muchas, y hallaban cangrejos en ellas.

Como la mar estuviese mansa y llana, murmuraba la gente diciendo que, pues por allí no había mar grande, que nunca ventaría para volver a España. Pero después alzose mucho la mar y sin viento, que los asombraba, por lo cual dice aquí el Almirante: *«Así que muy necesario me fue la mar alta, que no pareció, salvo el tiempo de los judíos cuando salieron de Egipto contra Moisés, que los sacaba de cautiverio».*

Lunes, 24 de septiembre

Navegó a su camino al Oueste día y noche, y andaría catorce leguas y media; contó doce. Vino al navío un alcatraz y vieron muchas pardelas.

---

expuesto a soportar calmas y vientos variables. Lo más aconsejable ha sido y será siempre navegar entre los 15º y 20º de latitud norte (paralelo de Cabo Verde) que entra de lleno en los alisios, esos vientos constantes que arrastran a cualquier velero hasta las costas americanas. Sin embargo, durante el verano de 1492 los alisios soplaron muy al norte. De ahí el éxito.

Martes, 25 de septiembre

Este día hubo mucha calma, y después ventó, y fueron su camino al Oueste hasta la noche. Iba hablando el Almirante con Martín Alonso Pinzón, capitán de la otra carabela *Pinta,* sobre una carta que le había enviado tres días había a la carabela, donde según parece tenía pintadas el Almirante ciertas Islas por aquella mar; y decía el Martín Alonso que estaban en aquella comarca, y respondía el Almirante que así le parecía a él; pero, puesto que no hobiesen dado con ellas, lo debían de haber causado las corrientes que siempre habían echado los navíos al Nordeste, y que no habían andado tanto como los pilotos decían. Y estando en esto díjole el Almirante que le enviase la carta dicha; y enviada con alguna cuerda, comenzó el Almirante a cartear en ella con su piloto y marineros. Al Sol puesto, subió el Martín Alonso en la popa de su navío, y con mucha alegría llamó al Almirante, pidiéndole albricias que veía tierra. Y cuando se lo oyó decir con afirmación el Almirante dize que se echó a dar gracias a Nuestro Señor de rodillas, y el Martín Alonso decía *gloria in excelsis Deo* con su gente. Lo mismo hizo la gente del Almirante y los de la *Niña.* Subiéronse todos sobre el mástil y en la jarcía, y todos afirmaron que era tierra; y el Almirante así pareció y que habría a ella 25 leguas. Estuvieron hasta la noche afirmando todos ser tierra. Mandó el Almirante dejar su camino, que era el Oueste, y que fuesen todos al Sudueste, adonde había parecido la tierra. Habrían andado aquel día al Oueste, cuatro leguas, porque siempre fingía a la gente que hacía poco camino, porque no les pareciese largo, por manera que escribió por dos caminos aquel viaje: el menor fue el fingido y el mayor el verdadero.

Anduvo la mar muy llana, por lo cual se echaron a andar muchos marineros. Vieron muchos dorados y otros peces.

Miércoles, 26 de septiembre

Navegó a su camino al Oueste hasta después de medio día; de allí fueron al Sudueste hasta conocer que lo que decían que había sido tierra no lo era, sino cielo. Anduvieron día y noche 31 leguas, y contó a la gente veinticuatro. La mar era como un río, los aires dulces y suavísimos.

Jueves, 27 de septiembre

Navegó a su vía al Oueste. Anduvo entre día y noche 24 leguas; contó a la gente 20 leguas. Vinieron muchos dorados; mataron uno. Vieron un rabo de junco.

Viernes, 28 de septiembre

Navegó a su camino al Oueste. Anduvieron día y noche con calma 14 leguas; contó trece. Hallaron poca hierba. Tomaron dos peces dorados, y en los otros navíos más.

Sábado, 29 de septiembre

Navegó a su camino al Oueste. Anduvieron 24 leguas; contó a la gente veintiuna. Por calmas que tuvieron anduvieron entre día y noche poco. Vieron un ave que se llama rabiforcado, que hace vomitar a los alcatraces lo que comen para comerlo ella, y no se mantiene de otra cosa. Es ave de la mar, pero no posa en la mar ni se aparta de tierra 20 leguas. Hay de estas muchas en las Islas de Cabo Verde. Después vieron dos alcatraces. Los aires eran muy dulces y sabrosos, que diz que no faltaba sino oír el ruiseñor, y la mar llana como un río. Parecieron después en tres veces tres alcatraces y un forzado. Vieron mucha hierba.

Domingo, 30 de septiembre

Navegó su camino al Oueste. Anduvo entre día y noche por las calmas 14 leguas; contó once. Vinieron al navío cuatro rabos de junco, que es gran señal de tierra, porque tantas aves de una naturaleza juntas es señal que no andan desmandadas ni perdidas. Viéronse cuatro alcatraces en dos veces, hierba mucha. Nota que las estrellas que se llaman las *guardias*, cuando anochece, están junto al brazo de la parte del Poniente, y cuando amanece están en la línea debajo del brazo al Nordeste, que parece que en toda la noche no andan salvo tres líneas, que son 9 horas, y esto cada noche; esto dice aquí el Almirante. También en anocheciendo las agujas noruestean una cuarta, y en amaneciendo están con la estrella justo. Por lo cual parece que la estrella hace movimiento como las otras estrellas, y las agujas piden siempre la verdad.

Lunes, 1 de octubre

Navegó su camino al Oueste. Anduvieron 25 leguas; contó a la gente 20 leguas. Tuvieron grande aguacero. El piloto del Almirante tenía hoy, en amaneciendo, que habían andado desde la Isla de Hierro hasta aquí 578 leguas al Oueste. La cuenta menor que el Almirante mostraba a la gente eran 584, pero la verdadera que el Almirante juzgaba y guardaba eran 707.

Martes, 2 de octubre

Navegó a su camino al Oueste noche y día 39 leguas; contó a la gente obra de 30 leguas. La mar llana y buena siempre. *A Dios muchas gracias sean dadas,* dijo aquí el Almirante. Hierba venía del Este a Oueste, por el contrario de lo que solía. Parecieron muchos peces, matose uno. Vieron un ave blanca que parecía gaviota.

Miércoles, 3 de octubre

Navegó su vía ordinaria. Anduvieron 47 leguas; contó a la gente 40. Aparecieron pardelas, hierba mucha, alguna mucha vieja y otra muy fresca, y traía como fruta. No vieron aves algunas, y creía el Almirante que le quedaban atrás las Islas que traía pintadas en su Carta.

Dice aquí el Almirante que no se quiso detener barloventeando la semana pasada y esto días que veía tantas señales de tierra, aunque tenía noticia de ciertas islas en aquella comarca, por no detener, pues su fin era pasar a las Indias [34], y si se detuviera, dice él, que no fuera bueno seso.

---

[34] Según el proyecto colombino, las distancias del océano serían las siguientes: a unas 750 leguas se encontrarían las primeras islas; la mayor y más deseada sería el legendario Cipango (actual Japón), y entre el Cipango y la tierra continental asiática (Catay o China) había una distancia de 1.500 millas o 375 leguas, noticia recogida de Marco Polo y Toscanelli. Como acaba de dejar de lado el Cipango, quiere aprovechar el fuerte viento de popa y llegar directamente al Catay. Empleará este razonamiento el 6 de octubre.

Jueves, 4 de octubre

Navegó a su camino al Oueste. Anduvieron entre día y noche 63 leguas; contó a la gente 46 leguas. Vinieron al navío más de cuarenta pardelas juntas y dos alcatraces, y al uno dio una pedrada un mozo de la carabela. Vino a la nao un rabiforcado y una blanca como gaviota.

Viernes, 5 de octubre

Navegó a su camino. Andarían once millas por hora. Por noche y día andarían 57 leguas, porque aflojó la noche algo el viento; contó a su gente 45. La mar bonanza y llana *«A Dios, dice, muchas gracias sean dadas»*. El aire muy dulce y templado. Hierba ninguna; aves pardelas muchas; peces golondrinos volaron en la nao muchos.

Sábado, 6 de octubre

Navegó su camino al Vueste u Oueste, que es lo mismo. Anduvieron 40 leguas entre día y noche; contó a la gente 33 leguas. Esta noche dijo Martín Alonso que sería bien navegar a la cuarta del Oueste a la parte de Sudueste [35], y al Almirante pareció que no. Decía esto Mar-

---

[35] Hernando, en el resumen que hace del Diario (cap. XXI), habla de murmuraciones, conjuras y deseos de amotinarse la gente el 3 de octubre y *se le olvida* contar lo que de verdad sucedió el día 6. Todo parece indicar que se trata de una maniobra de despiste y confusión, de modo que ese malestar corresponde al primer motín que se produce en este viaje: el de los vizcaínos de la nao *Santa María*. En relación con este hecho de insubordinación por parte de los marineros de la nao capitana, hay que situar la intervención resolutiva de Martín

tín Alonso por la Isla de Cipango, y el Almirante veía que si la erraban que no pudieran tan presto tomar tierra, y que era mejor una vez ir a tierra firme y después a las Islas.

Domingo, 7 de octubre

Navegó a su camino al Oueste. Anduvieron 12 millas por hora dos horas, y después 8 millas por hora; y andarían hasta una hora de sol 23 leguas; contó a la gente 18. En este día, al levantar del sol, la carabela *Niña,* que iba delante por ser velera, y andaban quien más podía por ver primero tierra, por gozar de la merced que los reyes a quien primero la viese había(n) prometido, levantó una bandera en el topo del mástil, y tiró una lombarda por señal que veían tierra, porque así lo había ordenado el Almirante. Tenía también ordenado que al salir del sol y al ponerse se juntasen todos los navíos con él, porque estos dos tiempos son más propios para que los humores den más lugar a ver más lejos.

Como en la tarde no viesen tierra, la que pensaban los de la carabela *Niña* que habían visto, y porque pasaban gran multitud de aves de la prte del norte al Sudueste, por lo cual era de creer que se iban a dormir a tierra, o huían quizá del invierno, que en las tierras de donde venían debía que querer venir, por esto el Almirante acordó dejar el camino del Oueste, y pone la proa hacia Ouesu(du)este [36]

Alonso Pinzón en defensa del Almirante, seguido del consejo de modificar el rumbo: *Sudoeste cuarta del Oeste.*

[36] En el transcurso de unas horas, Colón ha pasado de justificar la no conveniencia de cambiar el rumbo a decidir que así se haga. Suena

con determinación de andar dos días por aquella vía. Esto comenzó antes una hora del sol puesto.

Andaría(n) en toda la noche obra de cinco leguas y veintitrés del día; fueron por todas veinte y ocho leguas noche y día.

Lunes, 8 de octubre

Navegó al Ouesudueste y andarían entre día y noche once leguas y media o doce, y a ratos parece que anduvieron en la noche quince millas por hora, si no está mentirosa la letra. Tuvieron la mar como el río de Sevilla; *Gracias a Dios,* dice el Almirante. Los aires muy dulces, como en abril en Sevilla, que es placer estar a ellos, tan olorosos son. Pareció la hierba muy fresca; muchos pajaritos (de campo, y tomaron uno), que iban huyendo al sudueste, grajaos y ánades y un alcatraz.

Martes, 9 de octubre

Navegó al Sudueste. Anduvo 5 leguas. Mudose el viento y corrió al Oueste cuarta al Norueste, y anduvo 4 leguas; después con todas once leguas de día y a la noche 20 leguas y media; contó a la gente 17 leguas. Toda la noche oyeron pasar pájaros.

---

a justificación de mando. Quiere dejar patente que no lo hace por consejo de Pinzón sino por decisión propia, fiado en las bandadas de aves. En honor a la verdad, este cambio de rumbo hay que cargarlo en el haber de Martín Alonso Pinzón, con mayor prestigio y fuerza ante los marineros.

Miércoles, 10 de octubre

Navegó al Ouesudueste. Anduvieron a diez millas por hora y a ratos 12 y algún rato a 7, y entre día y noche 59 leguas; contó a la gente 44 leguas no más. Aquí la gente ya no lo podía sufrir: quejábase del largo viaje [37]. Pero el Almirante los esforzó lo mejor que pudo, dándoles buena esperanza de los provechos que podrían haber, y añadía que por demás era quejarse, pues que él había venido a las Indias, y que así lo había de proseguir hasta hallarlas con el ayuda de Nuestro Señor.

Jueves, 11 de octubre

Navegó al Ouesudueste. Tuvieron mucha mar, más que en todo el viaje habían tenido. Vieron pardelas y un junco verde junto a la nao. Vieron los de la carabela *Pinta* una caña y un palo, y tomaron otro palillo labrado a lo que parecía con hierro, y un pedazo de caña y otra hierba que nace en tierra, y una tablilla. Los de la carabela *Niña* también vieron otras señales de tierra y un palillo cargado de escaramojos. Con estas señales respiraron y alegráronse todos. Anduvieron en este día, hasta puesto el sol, 27 leguas.

---

[37] Este fue el momento más crítico de todo el viaje. El motín del 6-7 de octubre, localizado solo en la *Santa María,* se hace ahora general a toda la Armada, incluyendo a los Pinzón. Desprestigiado como estaba el Almirante después de tanta promesa fallida, su posición era delicadísima. Los Pinzón dieron tres días de plazo para encontrar tierra, y si no, regresar, según se desprende de testimonios posteriores contenidos en los Pleitos Colombinos. El profesor Manzano defiende que Colón, ante tanta contrariedad, se vio obligado a revelarles el conocimiento que tenía de las nuevas tierras y sus riquezas.

Después del sol puesto, navegó a su primer camino al Oueste. Andarían doce millas cada hora, y hasta dos horas después de media noche andarían 90 millas, que son 22 leguas y media. Y porque la carabela *Pinta* era más velera e iba delante del Almirante, halló tierra y hizo las señas que el Almirante había mandado. Esta tierra vido primero un marinero que se decía Rodrigo de Triana [38]. Puesto que el Almirante, a las diez de la noche, estando en el castillo de popa, vio lumbre, aunque fue cosa tan cerrada que no quiso afirmar que fuese tierra, pero llamó a Pedro Gutiérrez, repostero de estrados del Rey, e díjole que parecía lumbre, que mirase él, y así lo hizo y vídola. Díjole también a Rodrigo Sánchez de Segovia, que el Rey y la Reyna enviaban en el armada por veedor [39], el cual no vio nada porque no estaba en lugar do la pudiese ver. Después que el Almirante lo dijo, se vio una vez o dos, y era como una candelilla de cera que se alzaba y levantaba [40], lo cual

---

[38] Su verdadero nombre era, como bien se sabe, el de Juan Rodríguez Bermejo, vecino de los Molinos, en tierra de Sevilla. Sobre este marinero pesa la leyenda —solo leyenda— de que era judío y que, despechado con los reyes por no haberle concedido el premio de 10.000 maravedís prometidos a quien primero viera tierra, se pasó a África, haciéndose mahometano (la leyenda la recoge Oviedo. La explicación de que la historia haya acuñado el nombre de Rodrigo de Triana en lugar del de Juan Rodríguez Bermejo hay que buscarla en la anarquía ortográfica de esa época. Y así el apellido Rodríguez pudo derivar, con el consiguiente error ortográfico, en Rodrigue = Rodriguo = Rodrigo. Cualquier extranjero ha encontrado siempre dificultades a la hora de captar ciertas diferencias ortográficas (gue/ge y por extensión guo/go). No se olvide que quien transcribió esto fue el extranjero Cristóbal Colón.

[39] Inspector real encargado de vigilar el buen funcionamiento económico de una empresa.

[40] A las 10 de la noche podrían estar como mínimo a unas 35 ó 40 millas de tierra (unos 50/60 km). A esa distancia ni fuego, ni lumbre, ni candelas, ni nada pudo ver Colón. Lo vio en su imaginación, eso sí.

a pocos pareciera ser indicios de tierra; pero el Almirante tuvo por cierto estar junto a la tierra. Por lo cual, cuando dijeron la *Salve,* que la acostumbraban decir e cantar a su manera todos los marineros y se hallan todos, rogó y amonestoles el Almirante que hiciesen buena guarda al castillo de proa, y mirasen bien por la tierra, y que al que le dijese primero que veía tierra le daría luego un jubón de seda, sin las otras mercedes que los reyes habían prometido, que eran diez mil maravedís de juro a quien primero la viese [41]. A las dos horas después de media noche pareció la tierra, de la cual estarían dos leguas. Amaynaron todas las velas, y quedaron con el treo, que es la vela grande, sin bonetas, y pusiéronse a la corda [42], temporizando hasta el día viernes que llegaron a una isleta de los Lucayos, que se llamaba en lengua de Indios Guanahani [43]. Luego

---

[41] Este juro o pensión perpetua con cargo a las rentas del Estado —en este caso sobre las carnicerías de Córdoba— fue concedido a Cristóbal Colón, quien, a su vez, cedió su disfrute a Beatriz Enríquez de Arana, madre de Hernando Colón. Para valorar comparativamente la cantidad de 10.000 maravedís, téngase en cuenta que un marinero de esta expedición cobró 12.000 maravedís al año y un grumete 8.000.

[42] *Ponerse o estar a la corda, ponerse al pairo, estar a la capa o capear* es la misma maniobra que se pone en práctica cuando se desea permanecer por algún tiempo en la misma posición. Hernando habla también de *quedarse al reparo, barloventear* o *voltejear:* dar bordadas cortas con paño reducido y viento por el través, casi siempre sobre el mismo rumbo. Esta operación es más molesta que *estar a la capa* porque hay que gobernar y maniobrar con las velas, pero el navío está siempre bajo control y no hay peligro de derivar sobre algún bajío desconocido.

[43] Bautizada por Colón como San Salvador y hoy día llamada Watlings Island, en el archipiélago de las Bahamas. El nombre Guanahani deriva de la palabra indígena iguana, reptil o lagarto de América.

vieron gente desnuda, y el Almirante salió a tierra en la barca armada y Martín Alonso Pinzón y Vicente Yáñez, su hermano, que era capitán de la *Niña*. Sacó el Almirante la bandera real, y los capitanes con dos banderas de la cruz verde, que llevaba el Almirante en todos los navíos por seña, con una F y una Y, encima de cada letra su corona, una de un cabo de la + y otra de otro. Puesto en tierra vieron árboles muy verdes, y aguas muchas y frutas de diversas maneras. El Almirante llamó a los dos capitanes y a los demás que saltaron en tierra, y a Rodrigo de Escobedo, escribano de toda la armada, y a Rodrigo Sánchez de Segovia, y dijo que le diesen por fe y testimonio como él por ante todos tomaba, como de hecho tomó, posesión de la dicha Isla por el Rey y por la Reina sus señores, haciendo las protestaciones que se requerían, como más largo se contiene en los testimonios que allí se hicieron por escrito [44]. Luego se juntó allí mucha gente de la Isla. Esto que se sigue son palabras formales del Almirante en su libro de su primera navegación y descubrimiento de estas Indias: «*Yo,* dice él, *porque nos tuviesen mucha amistad, porque conocí que era gente que mejor se libraría y convertiría a Nuestra Santa Fe con Amor que no por fuerza, les di a algunos de ellos unos bonetes colorados y unas cuentas de vidrio que se ponían al pescuezo, y otras cosas muchas de poco valor, con que hubieron mucho placer y quedaron*

---

[44] El rito de la toma de posesión de la tierra era un acto importantísimo para cualquier descubridor y tomaba nota el escribano de turno. En él nunca faltaban el pregón y la bandera real extendida, la fórmula pomposa y detallada de cuanto se tomaba posesión, el corte con la espada de árboles y ramas seguido del gesto simbólico de volverlos a plantar, las cruces sembradas por el terreno y en las cortezas de los árboles, etc. La legislación de principios romanistas vigentes en la España cristiana exigía esto para legitimar tal hecho.

tanto nuestros que era maravilla. Los cuales después ve-
nían a las barcas de los navíos a donde nos estábamos,
nadando y nos traían papagayos y hilo de algodón en ovi-
llos y azagayas y otras cosas muchas, y nos las trocaban
por otras cosas que nos les dábamos, como cuenticillas
de vidrio y cascabeles. En fin, todo tomaban y daban de
aquello que tenían de buena voluntad, mas me pareció
que era gente muy pobre de todo. Ellos andan todos des-
nudos como su madre los parió, y también las mujeres,
aunque no vide más de una harto moza, y todos los que
yo vi eran todos mancebos, que ninguno vide de edad de
más de 30 años, muy bien hechos, de muy hermosos cuer-
pos y muy buenas caras, los cabellos gruesos casi como
sedas de cola de caballos y cortos. Los cabellos traen por
encima de las cejas, salvo unos pocos detrás que traen
largos, que jamás cortan. De ellos se pintan de prieto [45]*,*
y ellos son de la color de los canarios, ni negros ni blan-
cos, y de ellos se pintan de blanco, y dellos de colorado,
y de ellos de lo que hallan; y se pintan las caras, y dellos
todo el cuerpo, y de ellos solos los ojos, y de ellos solo la
nariz. Ellos no traen armas ni las conocen, porque les
mostré espadas y las tomaban por el filo, y se cortaban
con ignorancia. No tienen algún hierro; sus azagayas
son unas varas sin hierro, y algunas de ellos tienen al
cabo un diente de pece, y otras de otras cosas. Ellos to-
dos a una mano son de buena estatura de grandeza y bue-
nos gestos, bien hechos. Yo vi algunos que tenían seña-
les de heridas en sus cuerpos, y les hize señas qué era
aquello, y ellos me mostraron cómo allí venían gente de
otras islas que estaban cerca y los querían tomar y se
defendían. Y yo creí y creo que aquí vienen de tierra firme

---

[45] Negro.

*a tomarlos por cautivos. Ellos deben ser buenos servi-
dores y de buen ingenio, que veo que muy presto dicen
todo lo que les decía. Y creo que ligeramente se harían
cristianos, que me pareció que ninguna secta tenían. Yo,
placiendo a Nuestro Señor, llevaré de aquí al tiempo de
mi partida seis a Vuestra Alteza para que aprendan a hablar. Ninguna bestia de ninguna manera vi, salvo papagayos en esta Isla».* Todas son palabras del Almirante.

Sábado, 13 de octubre

*«Luego que amaneció, vinieron a la playa muchos de
estos hombres, todos mancebos, como dicho tengo, y todos de buena estatura, gente muy hermosa; los cabellos
no crespos, salvo corredios y gruesos, como sedas de caballo, y todos de la frente y cabeza muy ancha, más que
otra generación que hasta aquí haya visto; y los ojos muy
hermosos y no pequeños; y ellos ninguno prieto, salvo de
la color de los canarios, ni se debe esperar otra cosa,
pues está Lesteoueste con la Isla de Hierro en Canarias,
so una línea; las piernas muy derechas, todos a una
mano, y no barriga, salvo muy bien hecha. Ellos vinieron
a la nao con almadías* [46], *que son hechas del pie de un árbol, como un barco luengo, y todo de un pedazo, y labrado muy a maravilla según la tierra, y grandes, en que
en algunos venían 40 y 45 hombres, y otras más pequeñas, hasta haber de ellas en que venían un solo hombre.
Remaban con una pala como de hornero, y anda a mara-*

---

[46] La palabra almadía que Colón emplea para referirse a las canoas
es la misma que emplearon los portugueses al referirse a las piraguas
del África Occidental. Cita expresamente a las canoas el día 26 de
octubre.

villa, y si se le trastorna, luego se echan todos a nadar y la enderezan y vacían con calabazas que traen ellos. Traían ovillos de algodón hilado y papagayos y azagayas y otras cositas que sería tedio de escribir, y todo daban por cualquier cosa que se les diese. Y yo estaba atento y trabajaba de saber si había oro. Y vi que algunos de ellos traían un pedazuelo colgado con un agujero que tienen a la nariz. Y por señas pude entender que, yendo al Sur o volviendo la Isla por el Sur, que estaba allí un rey que tenía grandes vasos de ello, y tenía muy mucho. Trabajé que fuesen allá, y después vi que no entendían en la ida. Determiné de guardar hasta mañana en la tarde y después partir para el Sudueste, que según muchos de ellos me enseñaron decían que había tierra al Sur y al Sudueste y al Norueste; y que estas del Norueste les venían a combatir muchas veces, y así ir al Sudeste a buscar el oro y piedras preciosas. Esta isla es bien grande y muy llana y de árboles muy verdes y muchas aguas y una laguna en medio muy grande, sin ninguna montaña, y toda ella verde, que es placer de mirarla. Y esta gente harto mansa, y por la gana de haber de nuestras cosas, y teniendo que no se les ha de dar sin que den algo y no lo tienen, toman lo que pueden y se echan luego a nadar, mas todo lo que tiene(n) lo dan por cualquier cosa que les den, que hasta los pedazos de las escudillas y de las tazas de vidrio rotas rescataban[47]*, hasta que vi dar 16 ovillos de algodón por tres ceotís de Portugal*[48]*, que es una blanca de Castilla*[49]* y en ellos ha-*

---

[47] Rescatar o resgatar es la operación de obtener mercancías por trueque.

[48] Moneda de cobre portuguesa acuñada en tiempos de Juan I para conmemorar la toma de Ceuta en 1415.

[49] Moneda de cobre castellana de muy poco valor, de ahí el dicho «no tener ni blanca» (valía medio maravedí).

bría más de una arroba de algodón hilado. Esto defendiera y no dejara tomar a nadie, salvo que yo lo mandara tomar todo para Vuestras Altezas, si hubiera en cantidad. Aquí nace en esta Isla, mas por el poco tiempo no pude dar así del todo fe. Y también aquí nace el oro que traen colgado a la nariz, mas, por no perder tiempo, quiero ir a ver si puedo topar a la isla de Cipango[50]. *Ahora como fue noche todos se fueron a tierra con sus almadías.*

Domingo, 14 de octubre

«En amanecido mandé aderezar el batel[51] *de la nao y las barcas de las carabelas, y fue al luengo de la Isla en el camino del Nornordeste, para ver la otra parte, que era de la parte del Leste, qué había. Y también para ver las poblaciones, y vide luego dos o tres, y la gente que venía todos a la playa llamándonos y dando gracias a Dios. Los unos nos traían agua, otros otras cosas de comer; otros, cuando veían que yo no curaba de ir a tierra, se echaban a la mar nadando y venían, y entendíamos que nos preguntaban si éramos venido(s) del Cielo*[52]. *Y vino uno viejo en el batel dentro, y otros a voces grandes llamaban todos, hombres y mujeres: "Venid a ver los hombres que vinieron del cielo, traedles de comer y beber". Vinieron muchos y muchas mujeres, cada uno con algo, dando gracias a Dios echándose al suelo, y levantaban*

---

[50] Este es el principal objetivo colombino. Desde Marco Polo, la isla de Cipango es sinónimo de oro, mucho oro.

[51] Barco pequeño empleado para saltar a tierra.

[52] En las mitologías de algunos pueblos, tanto de las Antillas (taínos) como del continente (aztecas, mayas), quedaba recogida esta creencia.

las manos al Cielo, y después a voces nos llamaban que fuésemos a tierra, mas yo temía de ver una grande restinga [53] *de piedras que cerca de toda aquella isla alrededor y entremedias queda hondo y puerto para cuantas naos hay en toda la cristiandad, y la entrada de ello muy angosta. Es verdad que dentro de esta cinta hay algunas bajas, mas la mar no se mueve más que dentro en un pozo. Y para ver todo esto me moví esta mañana, porque supiese dar de todo relación a Vuestras Altezas, y también adónde pudiera hacer fortaleza, y vi un pedazo de tierra que se hace como isla, aunque no lo es, en que había seis casas, el cual se pudiera atajar en dos días por isla, aunque yo no veo ser necesario, porque esta gente es muy simple en armas, como verán Vuestras Altezas de siete que yo hice tomar para les llevar y aprender nuestra habla y volverlos, salvo que Vuestras Altezas cuando madaren puedenlos todos llevar a Castilla o tenerlos en la misma Isla cautivos, porque con cincuenta hombres los tendrá(n) todos sojuzgados, y los hará(n) hacer todo lo que quisiere(n). Y después, junto a dicha isleta, están huertas de árboles, las más hermosas que yo vi, e tan verdes y con sus hojas como las de Castilla en el mes de Abril y de mayo, y mucha agua. Yo miré todo aquel puerto y después me volví a la nao y di la vela, y vide tantas islas que yo no sabía determinarme a ciál iría primero. Y aquellos hombres que yo tenía tomado, me decían por señas que eran tantas y tantas que no había número y nombraron por su nombre más de ciento. Por ende yo miré por la más grande y aquella determiné andar, y así hago, y será lejos desta de San Salvador cinco leguas; y las otras dellas más, dellas*

---

[53] Restinga o restringa: conjunto de piedras cerca de la costa, cordón de rocas. Para Las Casas es un arrecife que cerca toda la isla en redondo.

menos. Todas son muy llanas, sin montañas y muy fértiles y todas pobladas, y se hacen guerra la una a la otra, aunque estos son muy símplices y muy lindos cuerpos de hombres.»

Lunes, 15 de octubre

Había temporejado[54] esta noche con temor de no llegar a tierra a surgir antes de la mañana, por no saber si la costa era limpia de bajas[55], y en amaneciendo cargar velas[56]. Y como la isla fuese más lejos de cinco leguas, antes será siete, y la marea me detuvo, sería mediodía cuando llegué a la dicha isla, y hallé que aquella haz que es de la parte de la isla de San Salvador se corre Norte Sur y han en ella 5 leguas, y la otra que yo seguí se corría Leste Oueste, y han en ella más de diez leguas. Y como de esta isla vide otra mayor al Oueste, cargué las velas por andar todo aquel día hasta la noche, porque aún no pudiera haber andado al cabo del Oueste, a la cual puse nombre la isla de Santa María de la Concepción[57]. Y casi al poner del sol surgía acerca del dicho cabo por saber si había allí oro, porque estos que yo había hecho tomar en la Isla de San Salvador me decían que ahí traían manillas de oro muy grandes a las piernas y a los brazos. Yo bien creí que todo lo que decían era burla para se huir. Con todo, mi voluntad era de no pasar por ninguna isla

---

[54] También en esto tuvo suerte Colón, puesto que el primer contacto con indígenas americanos se produjo ante el pueblo más pacífico y simple de toda esa área.

[55] Temporejar o capear.

[56] Desplegar las velas.

[57] El nombre moderno parece ser Cayo Rum.

*de que no tomase posesión, puesto que, tomado de una,
se puede decir de todas. Y surgí e estuve hasta hoy martes que, en amaneciendo, fui a tierra con las barcas armadas, y salí; y ellos, que eran muchos, así desnudos y de
la misma condición de la otra isla de San Salvador, nos
dejaron ir por la isla y nos daban lo que les pedía. Y porque el viento cargaba a la traviesa Sueste, no me quise
detener y partí para la nao, y una almadía grande estaba
a bordo de la carabela Niña y uno de los hombres de la
Isla de San Salvador, que en ella era, se echó a la mar, y
se fue en ella; y la noche de antes, a medio echado el otro
y fue atrás la almadía, la cual huyó que jamás fue barca
que le pudiese alcanzar, puesto que le teníamos grande* [58]*;
con todo, dio en tierra y dejaron la almadía; y algunos de
los de mi compañía salieron en tierra tras ellos, y todos
huyeron como gallinas. Y la almadía que habían dejado
la llevamos a bordo de la carabela Niña, adonde ya de
otro cabo venía otra almadía pequeña con un hombre que
venía a rescatar un ovillo de algodón; y se echaron algunos marineros a la mar, porque él no quería entrar en la
carabela, y le tomaron. Y yo que estaba a la popa de la
nao, que vive de todo, envié por él y le di un bonete colorado y unas cuentas de vidrio verdes, pequeñas, que le
puse al brazo, y dos cascabeles que le puse a las orejas,
y le mandé volver a su almadía, que también tenía en la
barca, y le envié a tierra. Y di luego la vela para ir a la
otra isla grande que yo veía al Oueste, y mandé largar
también la otra almadía que traía la carabela Niña por
popa; y vide después en tierra, al tiempo de la llegada del
otro a quien yo había dado las cosas susodichas y no le
había querido tomar el ovillo de algodón, puesto que me
lo quería dar, y todos se llegaron a él, y tenía a gran ma-*

---

[58] Muy lejos, muy adelante.

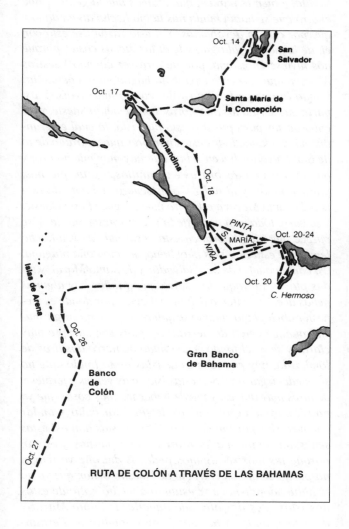

RUTA DE COLÓN A TRAVÉS DE LAS BAHAMAS

ravilla, e bien le pareció que éramos buena gente, y que el otro que se había huido nos había hecho algún daño y que por esto lo llevábamos. Y a esta razón usé esto con él, de le mandar alargar, y le di las dichas cosas, porque nos tuviese en estima, porque otra vez cuando Vuestras Altezas aquí tornen a enviar no hagan mala compañía; y todo lo que yo le di no valía cuatro maravedís. Y así partí, que serían las diez horas, con el viento Sueste, y tocaba de sur para pasar a esta otra isla, la cual es grandísima, y adonde todos estos hombres que yo traigo de la de San Salvador hacen señas que hay muy mucho oro, y que lo traen en los brazos en manillas, y a las piernas, y a las orejas, y al nariz y al pescuezo. Y había de esta Isla de Santa María a esta otra nueve leguas Leste Oueste, y se corre toda esta parte de la isla Norueste Sueste. Y se parece que bien habría en esta costa más de veintiocho leguas en esta faz. Y es muy llana, sin montaña ninguna, así como aquella de San Salvador y de Santa María, y todas playas sin roquedos, salvo que a todas hay algunas peñas acerca de tierra debajo del agua, por donde es menester abrir el ojo cuando se quiere surgir e no surgir mucho aunque cerca de tierra, las aguas son siempre muy claras y se ve el fondo. Y desviado de tierra dos tiros de lombarda, hay en todas estas islas tanto fondo, que no se puede llegar a él. Son estas islas muy verdes y fértiles y de aires muy dulces, y puede haber muchas cosas que yo no sé, porque no me quiero detener por calar y andar muchas islas para hallar oro. Y pues estas dan así estas señas, que lo traen a los brazos y a las piernas, y es oro, porque les mostré algunos pedazos del que yo tengo, no puedo errar con el ayuda de Nuestro Señor, que yo no le halle adonde nace. Y estando a medio golfo de estas dos islas —es de saber, de aquella de Santa María y de esta grande, a la cual pongo nombre la Fernan-

dina [59]—, *hallé un hombre solo en una almadía que se pasaba de la isla de Santa María a la Fernandina, y traía un poco de su pan, que sería tanto como el puño y una calabaza de agua y un pedazo de tierra bermeja hecha en polvo y después amasada, y unas hojas secas [60] que debe ser cosa muy apreciada entre ellos, porque ya me trajeron en San Salvador de ellas en presente; y traía un cestillo a su guisa en que tenía un ramalejo de cuentecillas de vidrio y dos blancas, por las cuales conocí que él venía de la isla de San Salvador, y habí(a) pasado a aquella de Santa María y se pasaba a la Fernandina; el cual se llegó a la nao; yo le hice entrar, que así lo demandaba él, y le hize poner su almadía en la nao y guardar todo lo que él traía; y le mandé dar de comer pan y miel y de beber. Y así le pasaré a la Fernandina y le daré todo lo suyo, porque dé buenas nuevas de nos, por (que) a Nuestro Señor aplaciendo, cuando Vuestras Altezas envíen acá, que aquellos que vinieren reciban honras y nos den de todo lo que hubiere.»*

Martes, 16 de octubre

«Partí de las islas de Santa María de Concepción, que sería ya cerca de medio día, para la isla Fernandina, la cual muestra ser grandísima al Oeste, y navegué todo aquel día con calmeria. No pude llegar a tiempo de poder ver el fondo para surgir en limpio, porque es en esto mucho de haber gran diligencia por no perder las anclas; y así temporicé toda esta noche hasta el día, que vine a

---

[59] Bautizada así en honor del rey Fernando. Actual Isla Long, haciendo honor a su forma geográfica: alargada y estrecha.

[60] Parece ser que se refiere al tabaco (ver nota 94).

una población, adonde yo surgí y adonde había venido aquel hombre que yo hallé ayer en aquella almadía a medio golfo, el cual había dado tantas buenas nuevas de nos, que toda esta noche no faltó almadías a bordo de la nao, que nos traían agua y de lo que tenían. Yo a cada uno le mandaba dar algo, es a saber, algunas cuentecillas, diez o doce de ellas de vidrio en un filo, y algunas sonajas de latón de estas que valen en Castilla un maravedí cada una, y algunas agujetas, de que todo tenían en grandísima excelencia, y también les mandaba dar, para que comiesen cuando venían en la nao, y miel de azúcar. Y después, a horas de tercia, envié el batel de la nao en tierra por agua; y ellos de muy buena gana le enseñaban a mi gente adónde estaba el agua, y ellos mismos traían los barriles llenos al batel y se holgaban mucho de nos hacer placer. Esta isla es grandísima y tengo determinado de la rodear, porque según puedo entender, en ella o acerca de ella hay mina de oro. Esta isla está desviada de la de Santa María ocho leguas casi Leste Oueste; y este cabo adonde yo vine y toda esta costa se corre Norueste y Sur sudueste, y vide bien veinte leguas de ella, mas ahí no acababa. Ahora, escribiendo esto, di la vela con el viento Sur para pasar a rodear toda la isla y trabajar hasta que halle Samaet, que es la isla o ciudad adonde es el oro, que así lo dicen todos estos que aquí vienen en la nao, y nos lo decían los de la isla de San Salvador y de Santa María. Esta gente es semejante a aquellas de las dichas islas, y una habla y unas costumbres, salvo que estos ya me parecen algún tanto más doméstica gente y de trato y más sutiles, porque veo que han traído algodón aquí a la nao y otras cositas, que saben mejor refetar [61] *el pagamento que no hacían los otros. Y aun en esta isla vide paños de algodón*

---

[61] Discurrir, regatear.

hechos como mantillos, y la gente más dispuesta, y las mujeres traen por delante su cuerpo una cosita de algodón que escasamente les cobija su natural. Ella es isla muy verde y llana y fertilísima, y no pongo duda que todo el año siembran panizo [62] *y cogen, y así todas otras cosas. Y vide muchos árboles muy diferentes de los nuestros, y de ellos muchos que tenían los ramos de muchas y todo en un pie, y un ramito es de una manera y otro de otra; y tan disforme, que es la mayor maravilla del mundo cuánta es la diversidad de la una manera a la otra. Verbigracia: un ramo tenía las hojas de manera de cañas, y otro de manera de lentisco, y así en un solo árbol de cinco a seis de estas maneras, y todos tan diversos ni estos son inferidos, porque se pueda decir que el injerto lo hace; antes son por los montes, ni cura dellos esta gente. No le conozco secta ninguna, y creo que muy presto se tornarían cristianos, porque ellos con de muy buen entender. Aquí con los peces tan disformes de los nuestros, que es maravilla. Hay algunos hechos como gallos, de los más finos colores, y otros pintados de mil maneras, y las colores son tan finas, que no hay hombre que no se maraville y no tome gran descanso a verlos; también hay ballenas. Bestias en tierra no vide ninguna de ninguna manera, salvo papagayos y lagartos. Un mozo me dijo que vio una gran culebra. Ovejas ni cabras ni otra ninguna bestia vide aunque yo he estado aquí muy poco, que es medio día; mas si las hubiese, no pudiera errar de ver alguna. El cerco de esta isla escribiré después que yo la hubiere rodeado.»*

---

[62] Parece ser que es el sembrado de maíz.

Miércoles, 17 de octubre

«A mediodía partí de la población adonde yo estaba surgidio y adonde tomé agua para ir a rodear esta isla Fernandina, y el viento era Sudueste y Sur. Y como mi voluntad fuese de seguir esta costa de esta isla adonde yo estaba al Sueste, porque así se corre toda Nornorueste y Sursueste, y quería llevar el dicho camino de Sur y Sueste, porque aquella parte todos estos indios [63] *que traigo y otro de quien hube señas en esta parte del Sur a la isla a que ellos llaman Samaet* [64], *a donde es el oro, y Martín Alonso Pinzón, capitán de la carabela* Pinta, *en la cual yo mandé a tres de estos indios, vino a mí y me dijo que uno de ellos muy certificadamente le había dado a entender que por la parte del Nornorueste muy más presto arrodearía la isla. Yo vi que el viento no me ayudaba por el camino que yo quería llevar, y era bueno por el otro; di la vela al Nornorueste, y cuando fue a cerca del cabo de la isla, a dos leguas, hallé un muy maravilloso puerto con una boca, aunque dos bocas se le puede decir, porque tiene un isleo en medio y son ambas muy angostas y dentro muy ancho para cien navíos si fuera hondo y limpio y hondo a la entrada. Pareciome razón de lo ver bien y sondear, y así surgí fuera dél y fui en él con todas las barcas de los navíos y vimos que no había fondo. Y porque pensé cuando yo le vi que era boca de algún río, había mandado llevar barriles para tomar agua, y en tierra hallé unos ocho o diez hombres que luego vinieron a nos y nos mostraron muy cerca la población, adonde yo envié la gente por agua, parte con armas, otras con barriles; y así*

---

[63] Es la primera vez que llama indios a los indígenas americanos.

[64] La bautiza con el nombre de Isabela, en recuerdo de la reina. Actualmente es la Isla Crooked.

*la tomaron. Y porque era lejuelos me detuve por espacio
de dos horas. En este tiempo anduve así por aquellos árboles, que eran la cosa más hermosa de ver que otra que
se haya visto, viendo tanta verdura en tanto grado como
en el mes de mayo en el Andalucía, y los árboles todos están tan disformes de los nuestros como el día de la noche;
y así las frutas y así las hierbas y las piedras y todas las
naturalezas de otros que hay en Castilla; por ende había
muy grande diferencia, y los otros árboles de otras maneras eran tantos que no hay persona que lo pueda decir
ni asemejar a otros de Castilla. La gente toda era una con
los otros ya dichos, de las mismas condiciones y así desnudos y de la misma estatura, y daban de lo que tenían
por cualquier cosa que les diesen; y aquí vi que unos mozos de los navíos les trocaron azagayas (por) unos pedazuelos de escudillas rotas y de vidrio, y los otros que fueron por el agua me dijeron cómo habían estado en sus
casas, y que eran de dentro muy barridas y limpias, y sus
camas y paramentos, de cosas que son como redes de algodón [65]; ellas, las casas, son todas a manera de alfaneques y muy altas y buenas chimeneas, mas no vide entre
muchas poblaciones que yo vide ninguna que pasase de
doce hasta quince casas. Aquí hallaron que las mujeres
casadas traían bragas de algodón, las mozas no, sino
salvo algunas que eran ya de edad de diez y ocho años.
Y ahí había perros mastines y branchetes [66], y ahí hallaron
uno que había al nariz un pedazo de oro que sería la mitad de un castellano [67], en el cual vieron letras. Reñí yo
de ellos porque no se lo rescataron y dieron cuanto pedía,*

---

[65] Se trata de las hamacas.

[66] Es una falsa información, porque en el Nuevo Mundo no exis-
tían perros así (ver nota 74).

[67] Moneda de oro con un valor de 435 maravedís.

por ver qué era y cuya esta moneda era, y ellos me respondieron que nunca se lo osó rescatar. Después de tomada el agua, volví a la nao, y di la vela y salí al Norueste, tanto que yo descubrí toda aquella parte de la isla hasta la costa que se corre Leste Oueste, y después todos estos indios tornaron a decir que esta isla era más pequeña que no la isla Samaet y que sería bien volver atrás por ser en ellas más presto. El viento allí luego nos calmó y comenzó a ventar Ouestenorueste, el cual era contrario para donde habíamos venido, y así tomé la vuelta y navegué toda esta noche pasada al Leste Sueste, y cuándo al Leste todo, cuándo al Sueste, y esto para apartarme de la tierra, porque hacía muy gran cerrazón y el tiempo muy cargado; él era poco y no me dejó llegar a tierra a surgir. Así que esta noche llovió muy fuerte después de media noche hasta casi el día, y aún está nublado para llover, y nos, al cabo de la isla de la parte de Sueste, adonde espero surgir hasta que aclarezca, para ver las otras islas adonde tengo que ir. Y así todos estos días, después que en estas Indias estoy, ha llovido poco o mucho. Crean Vuestras Mercedes Altezas que es esta tierra la mejor y más fértil y temperada y llana y buena que haya en el mundo.»

Jueves, 18 de octubre

Después que aclareció seguí el viento, y fui en derredor de la isla cuanto pude, y surgí al tiempo que ya no era de navegar, mas no fui en tierra, y en amaneciendo di la vela.

Viernes, 19 de octubre

En amaneciendo levanté las anclas y envié la carabela Pinta *al Leste y Sueste, y la carabela* Niña *al Sur-*

sueste, y yo con la nao fui al Sueste, y dado orden que llevasen aquella vuelta hasta mediodía, y después que ambas se mudasen las derrotas, y se recogieran para mí. Y luego, antes que andásemos tres horas, vimos una isla al Leste sobre la cual descargamos. Y llegamos a ella todos los tres navíos antes de mediodía a la punta del Norte, adonde hace un isleo y una restringa de piedra fuera de él al Norte, y otro entre él y la isla grande, la cual nombraron estos hombres de San Salvador que yo traigo la isla Saomete, a la cual puse nombre la Islabela[68]. *El viento era Norte, y quedaba el dicho isleo en derrota de la isla Fernandina, de adonde yo había partido Leste Oueste, y se corría después la costa desde el isleo al Oueste, y había en ella doce leguas hasta un cabo, y aquí yo llamé el Cabo Hermoso que es de la parte del Oueste. Y así es hermoso, redondo y muy hondo, sin bajas fuera de él, y al comienzo es de piedra y bajo y más adentro es playa de arena como casi la dicha costa es. Y ahí surgí esta noche viernes hasta la mañana. Esta costa toda y la parte de la isla que yo vi, es toda casi playa, y la isla, la más hermosa cosa que yo vi, que si las otras son muy hermosas, esta es más. Es de muchos árboles y muy verdes y muy grandes, y esta tierra es más alta que las otras islas halladas, y en ella algún altillo, no que se le pueda llamar montaña, más cosa que hermosea lo otro, y parece de muchas aguas. Allá, al medio de la isla, de esta parte al Nordeste hace una grande angla, y ha muchos arboledos y muy espesos y muy grandes. Yo quise ir a surgir en ella para salir a tierra y ver tanta hermosura, mas era el fondo bajo y no podía surgir salvo largo de tierra, y el viento era muy bueno para venir a este cabo, adonde yo surgí ahora, al*

---

[68] Aunque en el manuscrito aparece de esta manera y puede conducir a error, se trata de Isabela.

cual puse nombre Cabo Hermoso, porque así lo es. Y así no surgí en aquella angla, y aún porque vi este cabo de allá tan verde y tan hermoso, así como todas las otras cosas y tierras de estas islas que yo no sé adonde me vaya primero, ni me sé cansar los ojos de ver tan hermosas verduras y tan diversas de las nuestras, y aún creo que ha en ellas muchas hierbas y muchos árboles que valen mucho en España para tinturas y para medicinas de especiería, mas yo no los conozco, de que llevo grande pena. Y llegando yo aquí a este cabo, vino el olor tan bueno y suave de flores o árboles de la tierra, que era la cosa más dulce del mundo. De mañana, antes que yo de aquí vaya, iré en tierra a ver qué es; aquí en el cabo no es la población salvo allá más adentro, adonde dicen estos hombres que yo traigo, que está el rey y que trae mucho oro. Y yo de mañana quiero ir tanto avante que halle la población y vea o haya lengua con este rey que, según estos, dan las señas, él señorea todas estas islas comarcanas, y va vestido y trae sobre sí mucho oro, aunque no doy mucha fe a sus decires, así por no les entender yo bien, como en conocer que ellos son tan pobres de oro que cualquiera poco que este rey traiga los parece a ellos mucho. Este, al que yo digo Cabo Hermoso, creo que es isla apartada de Saometo y aún hay ya otra entremedias pequeña. Yo no curo así de ver tanto por menudo, porque no lo podría hacer en cincuenta años, porque quiero ver y descubrir lo más que yo pudiere para volver a Vuestras Altezas, a Nuestro Señor aplaciendo, en abril. Verdad es que, hallando adonde haya oro o especiería en cantidad, me detendré hasta que yo haya de ello cuanto pudiere; y por esto no hago sino andar para ver de topar en ello.»

Sábado, 20 de octubre

«Hoy, al sol salido, levanté las anclas de donde yo estaba con la nao surgido en esta isla de Saometo al cabo del Sudueste, adonde yo puse nombre el Cabo de la Laguna, y a la Isla la Isabela, para navegar al Nordeste y al Leste de la parte del Sueste y Sur, adonde entendí de estos hombres que yo traigo que era la población y el rey de ella. Y hallé todo tan bajo el fondo, que no pude entrar ni navegar a ella, y vide que siguiendo el camino del Sudueste era muy gran rodeo; y por esto determiné de me volver por el camino que yo había traído de Nornordeste de la parte del Oueste, y rodear esta isla para ahí. Y el viento me fue tan escaso, que yo no nunca pude haber la tierra al largo de la costa, salvo en la noche. Y, porque es peligro surgir en estas islas, salvo en el día que se vea con el ojo adónde se echa el ancla, porque es todo manchas, una de limpio y otra de non, yo me puse a temporejar a la vela toda esta noche del domingo. Las carabelas surgieron porque (se) hallaron en tierra temprano y pensaron que a sus señas, que eran acostumbradas de hacer, iría a surgir, mas no quise.»

Domingo, 21 de octubre

«A las diez horas llegué aquí, a este cabo del isleo y surgí, y asimismo las carabelas. Y después de haber comido fui en tierra, adonde aquí no había otra población que una casa, en la cual no hallé a nadie, que creo que con temor se habían huido, porque en ella estaban todos sus aderezos de casa. Yo no le dejé tocar nada, salvo que me salí con estos capitanes y gente a ver la isla, que si las otras ya vistas son muy hermosas y verdes y fértiles, esta *es mucho más y de grandes arboledas y muy verdes. Aquí es unas grandes lagunas, y sobre ellas y a la rueda es el arboleado en maravilla, y aquí y en toda la isla son todos verdes y las hierbas como en el abril en el Andalucía; y el cantar de los pajaritos, que parece que el hombre nunca se querría partir de aquí, y las manadas de los papagayos que oscurecen el sol; y aves y pajaritos de tantas maneras y tan diversas de las nuestras, que es maravilla. Y después hay árboles de mil maneras y todos dan de su manera fruto, y todos huelen que es maravilla, que yo estoy el más penado del mundo de no los conoscer, porque soy bien cierto que todos son cosa de valía y de ellos traigo la demuestra, y asimismo de las hierbas. Andando así en cerco de una de estas lagunas, vi una sierpe* [69]*, la cual matamos y traigo el cuero a Vuestras Altezas. Ella como nos vio se echó en la laguna, nos le seguimos dentro, porque no era muy honda, hasta que con lanzas la matamos; es de siete palmos de largo; creo que de estas semejantes hay aquí en estas lagunas muchas. Aquí conocí del lignaloe y mañana he determinado de hacer traer a la nao diez quintales, porque me dicen que vale mucho. También andando en busca de muy buena agua, fuimos a una población aquí cerca, adonde estoy surto media legua, y la gente de ella, como nos sintieron, dieron todos a huir y dejaron las cosas y escondieron su ropa y lo que tenían por el monte. Yo no dejé tomar nada, ni la valía de un alfiles. Después se llegaron a nos unos hombres de ellos, y uno se llegó aquí. Yo di unos cascabeles y unas cuentecillas de vidrio y quedó muy contento y muy alegre; y porque la amistad creciese más y los requiriese algo, le hice pedir agua, y ellos, después que fui en la nao, vinieron luego a la playa con sus calabazas llenas y holgaron mucho de*

---

[69] Una *iguana debió ser esta*, dice Las Casas al margen.

*dárnosla. Y yo les mandé dar otro ramalejo de cuenteci-
llas de vidrio, y dijeron que mañana vendrían acá. Yo
quería henchir aquí toda la vasija de los navíos de agua;
por ende, si el tiempo me da lugar, luego me partiré a rodear esta isla hasta que yo haya lengua con este rey y ver
si puedo haber del oro que oigo que trae, y después partir para otra isla grande mucho, que creo que debe ser
Cipango, según las señas que me dan estos indios que yo
traigo, a la cual ellos llaman Colba [70], en la cual dicen
que hay naos y mareantes muchos y muy grandes, y desta
isla hay otra que llaman Bohío [71], que también dicen que
es muy grande. Y a las otras que son entremedio veré así de
pasada, y según yo hallare recaudo de oro o especiería
determinaré lo que he de hacer. Mas todavía tengo determinado de ir a la tierra firme y a la ciudad de Quisay [72],
y dar las cartas de Vuestras Altezas al Gran Can y pedir
respuesta y venir con ella.»*

Lunes, 22 de octubre

*«Toda esta noche y hoy estuve aquí aguardando si el
rey de aquí o otras personas traerían oro o otra cosa de
sustancia, y vinieron muchos de esta gente, semejantes a
los otros de las otras islas, así desnudos y así pintados, de
ellos de blanco, de ellos de colorado, de ellos de prieto y
así de muchas maneras. Traían azagayas y algunos ovi-*

---

[70] Cuba.

[71] Haití y después llamada isla Española, compartida en la actualidad por los Estados de Haití y de República Dominicana.

[72] Quinsay se había convertido en un símbolo de riqueza desde que
Marco Polo cantara sus excelencias. El objetivo asiático era tan claro
en Colón que entre los documentos dados por los reyes castellanos estaba una carta de amistad para el Gran Khan.

llos de algodón a resgatar, el cual trocaban aquí con algunos marineros por pedazos de vidrio, de tazas quebradas, y por pedazos de escudillas de barro. Algunos de ellos traían algunos pedazos de oro colgado al nariz, el cual de buena gana daban por un cascabel de estos de pie de gavilano y por cuentecillas de vidrio, mas es tan poco que no es nada. Que es verdad que cualquier poca cosa que se les dé, ellos también tenían a gran maravilla nuestra venida, y creían que éramos venidos del cielo. Tomamos agua para los navíos en una laguna que aquí esta acerca del cabo del isleo, que así ha nombre; y en la dicha laguna Martín Alonso Pinzón, capitán de la Pinta, mató una sierpe, tal como la otra de ayer de siete palmos. Y fice tomar aquí el liñaloe cuanto se halló.»

Martes, 23 de octubre

«Quisiera hoy partir para la isla de Cuba, que creo que debe ser Cipango, según las señas que dan esta gente de la grandeza de ella y riqueza, y no me detendré más aquí ni iré esta isla alrededor para ir a la población, como tenía determinado, para haber lengua con este Rey o Señor, que es por no me detener mucho, pues veo que aquí no hay mina de oro, y al rodear de estas islas ha menester muchas maneras de viento, y no vienta así como los hombres querrían. Y pues he de andar adonde haya trato grande, digo que no es razón de se detener, salvo ir a camino y calar mucha tierra hasta topar en tierra muy provechosa, aunque mi entender es que esta sea muy provechosa de especiería, mas que yo no la conozco, que llevo la mayor pena del mundo, que veo mil maneras de árboles que tienen cada uno su manera de fruta y verde ahora como en España en el mes de mayo y junio y mil

*maneras de hierbas, eso mismo con flores, y de todo no
se conoció salvo este liñaloe de que hoy mandé también
traer a la nao mucho para llevar a Vuestras Altezas. Y no
he dado ni doy la vela para Cuba porque no hay viento,
salvo calma muerta, y llueve mucho y llovío ayer mucho
sin hacer ningún frío; antes el día hacer calor y las noches temparadas como en mayo en España en el Andalucía.»*

Miércoles, 24 de octubre

*«Esta noche a media noche levanté las anclas de la
Isla Isabela del cabo del Isleo, que es de la parte del
Norte, adonde yo estaba posado para ir a la Isla de Cuba,
a donde oí de esta gente que era muy grande y de gran
trato y había en ella oro y especierías y naos grandes y
mercaderes, y me mostró que al Ouessudueste iría a ella;
y yo así lo tengo, porque creo que si es así como por señas que me hicieron todos los indios de estas islas y aquellos que llevo yo en los navíos, porque por lengua no los
entiendo, es la Isla de Cipango, de que se cuentan cosas
maravillosas; y en las esferas que yo vi y en las pinturas
de mapamundos es eslla en esta comarca. Y así navegué
hasta el día al Ouesudeste, y amaneciendo calmó el
viento y llovió, y así casi toda la noche. Y estuve así con
poco viento hasta que pasaba de medio día y entonces
tornó a ventar muy amoroso, y llevaba todas mis velas de
la nao: maestra y dos bonetas y trinquete y cebadera y
mesana y vela de gabia, y el batel por popa. Así anduve
el camino hasta que anocheció, y entonces me quedaba el
Cabo Verde de la Isla Fernandina, el cual es de la parte
de Sur a la parte de Oueste, me quedaba al Norueste, y
hacía de mí a el siete leguas. Y porque ventaba ya recio*

*y no sabía yo cuanto camino hubiese hasta la dicha Isla
de Cuba, y por no la ir a demandar de noche, porque todas estas islas son muy hondas a no hallar fondo todo en-
derredor salvo a tiro de dos lombardas, y esto es todo
manchado: un pedazo de roquedo y otro de arena, y por
esto no se puede seguramente surgir salvo a vista de ojo.
Y por tanto acordé de amainar las velas todas, salvo el
trinquete, y andar con él, y de a un rato crecía mucho el
viento y hacía mucho camino de que dudaba, y era muy
gran cerrazón y llovía. Mandé amainar el trinquete y no
anduvimos esta noche dos leguas, etc.»*

Jueves, 25 de octubre

Navegó después del sol salido al Oueste Sudueste
hasta las nueve horas; andarían 5 leguas. Después mudó
el camino al Oueste. Andaban 8 millas por hora hasta la
una después de medio día, y de allí hasta las tres y andarían 44 millas. Entonces vieron tierra, y eran siete u ocho
islas, en luengo todas de Norte a Sur; distaban de ellas
5 leguas, etc.

Viernes, 26 de octubre

Estuvo de las dichas islas de la parte del Sur. Era todo
bajo cinco o seis leguas; surgió por allí. Dijeron los indios
que llevaba que había de ellas a Cuba andadura de día y
medio con sus almadías, que son navetas de un madero a
donde no llevan velas. Estas son las canoas. Partió de allí
para Cuba, porque por las señas que los indios le daban de
la grandeza y del oro y perlas de ella, pensaba que era ella,
conviene a saber, Cipango.

Sábado, 27 de octubre

Levantó los anclas salido el sol, de aquellas islas, que llamó las islas de arena [73], por el poco fondo que tenían de la parte del Sur hasta seis leguas. Anduvo ocho millas por hora hasta la una del día al Sursudueste, y habrían andado 40 millas, y hasta la noche andarían 28 millas al mismo camino, y antes de noche vieron tierra. Estuvieron la noche al reparo con mucha lluvia que llovió. Anduvieron el sábado hasta el poner del sol 17 leguas al Sursudueste.

Domingo, 28 de octubre

Fue de allí en demanda de la Isla de Cuba al Sursudueste, a la tierra de ella más cercana, y entró en un río muy hermoso y muy sin peligro de bajas ni de otros inconvenientes, y toda la costa que anduvo por allí era muy hondo y muy limpio hasta tierra. Tenía la boca del río doce brazas, y es bien ancha para barloventar. Surgió dentro, diz que a tiro de lombarda. Dice el Almirante que nunca tan hermosa cosa vido, lleno de árboles todo cercado el río, hermosos y verdes y diversos de los nuestros, con flores y con su fruto cada uno de su manera. Aves muchas y pajaritos que cantaban muy dulcemente; había gran cantidad de palmas de otra manera que las de Guinea y de las nuestras, de una estatura mediana y los pies sin aquella camisa y las hojas muy grandes, con las cuales cobijan las casas; la tierra muy llana. Saltó el Almirante en la barca y fue a tierra y llegó a dos casas que creyó ser de pescadores y que con temor se huyeron, en una de las

---

[73] Llamado Banco de Colón en honor suyo. Hoy lo ocupan las Islas Brulle.

cuales halló un perro que nunca ladró [74]; y en ambas casas halló redes de hilo de palma y cordeles y anzuelo de
cuerno y fisgas de hueso y otros aparejos de pescar y muchos huegos dentro, y creyó que en cada una casa se
ayuntaban muchas personas. Mandó que no se tocase en
cosa de todo ello, y así se hizo. La hierba era grande como
en el Andalucía por abril y mayo. Halló verdolagas muchas y bledos. Tornose a la barca y anduvo por el río
arriba un buen rato y era diz que gran placer ver aquellas
verduras y arboledas, y de las aves que no podía dejarlas
para se volver. Dice que es aquella isla la más hermosa
que ojos hayan visto, llena de muy buenos puertos y ríos
hondos, y la mar que parecía que nunca se debía de alzar,
porque la hierba de la playa llegaba hasta casi el agua, la
cual no suele llegar adonde la mar es brava. Hasta entonces no había esperimentado en todas aquellas islas que la
mar fuese brava. La isla dice que es llena de montañas
muy hermosas, aunque no son muy grandes en longura,
salvo altas, y toda la otra tierra es alta de la manera de Si-
cilia. Llena es de muchas aguas, según puedo entender de
los indios que consigo lleva, que tomó en la isla de Guanahani, los cuales le dicen por señas que hay diez ríos
grandes y que con sus canoas no la pueden cercar en 20
días. Cuando iba a tierra con los navíos, salieron dos almadías o canoas, y como vieron que los marineros entraban en la barca y remaban para ir a ver el fondo del río
para saber donde habían de surgir, huyeron las canoas.
Decían los indios que en aquella isla había minas de oro
y perlas, y vido el Almirante lugar apto para ellas y alme-

---

[74] Sorprendió a todos los españoles encontrarse con un tipo de perro pequeño, domesticado, bien cebado y silencioso, tan diferente a los
lebreles castellanos. Los indios utilizaban su carne como alimento. Los
españoles los tendrán en gran estima cuando el hambre los agobie.

jas, que es señal de ellas. Y entendía el Almirante que allí venían naos del gran Can, y grandes y que de allí a tierra firme había jornada de diez días [75]. Llamó el Almirante aquel río y puerto de San Salvador [76].

Lunes, 29 de octubre

Alzó las anclas de aquel puerto y navegó al Poniente para ir diz que a la ciudad donde le parecía que le decían los indios que estaba aquel rey. Una punta de la isla le salía al orueste seis leguas de allí; otra punta le salía al Leste diez leguas. Andaba otra legua, vio un río no tan grande de entrada, al cual puso nombre el río de la Luna. Anduvo hasta hora de vísperas. Vio otro río muy más grande que los otros, y así se lo dijeron por señas los indios, y cerca de él vio buenas poblaciones de casas; llamó al río el río de Mares [77]. Envió dos barcas a una población por haber lengua, y a una de ellas un indio de los que traía, porque ya los entendían algo y mostraban estar contentos con los cristianos; de las cuales todos los hombres y mujeres y criaturas huyeron, desamparando las casas con todo lo que tenían; y mandó el Almirante que no se tocase en cosa. Las casas diz que eran ya más hermosas que las que

---

[75] Sorprende esta afirmación colombina cuando está harto de repetir que no entiende a los indios. Ha sido interpretado como prueba de que Colón tenía informaciones anteriores a este viaje.

[76] Divisaron Cuba el día 27 y arribaron a la costa nordoriental (actual bahía Bariay) el 28. Colón la llamará Juana en memoria del príncipe don Juan, hijo de los Reyes Católicos. Sin embargo, el nombre de Cuba sobrevivirá a ese y a otros dos dados posteriormente (Santiago y Fernandina).

[77] Actual puerto Gibara. Las Casas lo identifica con el puerto de Baracoa. En Río de Mares, Colón se detendrá casi dos semanas.

había visto, y creía que cuanto más se allegase a la tierra firme serían mejores. Eran hechas a manera de alfaneques muy grandes, y parecían tiendas en real, sin concierto de calles, sino una acá y otra acullá y de dentro muy barridas y limpias y sus aderezos muy compuestos. Todas son de ramos de palma, muy hermosos. Hallaron muchas estatuas en figura de mujeres y muchas cabezas en manera de carantona muy bien labradas; no sé si esto tienen por hermosura o adoran en ellas. Había perros que jamás ladraron. Había avecitas salvajes mansas por sus casas. Había maravillosos aderezos de redes y anzuelos y artificios de pescar. No le tocaron en cosa de ello. Creyó que todos los de la costa debían de ser pescadores que llevan en pescado la tierra dentro, porque aquella isla es muy grande y tan hermosa que no se hartaba de decir bien de ella. Dice que halló árboles y frutas de muy maravilloso sabor; y dice que debe haber vacas en ella y otros ganados, porque vio cabezas en hueso que le parecieron de vaca[78]. Aves y pajaritos y el cantar de los grillos en toda la noche con que se holgaban todos. Los aires sabrosos y dulces de toda la noche, ni frío ni caliente; mas por el camino de las otras islas aquella dice que hacía gran calor y allí no, salvo templado como en mayo. Atribuye el calor de las otras islas por ser muy llanas y por el viento que traían hasta allí ser Levante y por eso cálido. El agua de aquellos ríos era salada a la boca; no supieron de dónde bebían los indios, aunque tenían en sus casas agua dulce. En este río podían los navío voltejear para entrar y para salir; y tienen muy buenas señas o marcas; tienen siete u ocho brazas de

---

[78] Según Las Casas, debe tratarse del manatí: *un pescado muy grande, como grandes terneras, que tienen el cuerpo sin escama como el de ballena y la cabeza cuasi como de vaca* (*Historia,* lib. I, cap. 44).

fondo a la boca y dentro cinco. Toda aquella mar dice que le parece que debe ser siempre mansa como el río de Sevilla, y el agua aparejada para criar perlas. Halló caracoles grandes, sin sabor, no como los de España. Señala la disposición del río y del puerto que arriba dijo y nombró San Salvador, que tiene sus montañas hermosas y altas como la Peña de los Enamorados [79], y una de ellas tiene encima otro montecillo a manera de una hermosa mezquita. Este otro río y puerto en que ahora estaba tiene de la parte del Sueste dos montañas así redondas, y de la parte del Oueste Norueste un hermoso cabo llano que sale fuera.

Martes, 30 de octubre

Salió del río de Mares al Norueste, y vio cabo lleno de palmas y púsole Cabo de Palmas, después de haber andado quince leguas. Los indios que iban en la carabela *Pinta* dijeron que detrás de aquel Cabo había un río, y del río a Cuba había cuatro jornadas, y dijo el Capitán de la *Pinta* que entendía que esta Cuba era ciudad y que aquella tierra firme era tierra firme muy grande, que va mucho al Norte y que el rey de aquella tierra tenía guerra con el Gran Can [80], al cual ellos llamaban Camy, y a su tierra o ciudad, Saba, y otros muchos nombres. Determinó el Almirante de llegar a aquel río y enviar un presente al rey de la tierra y enviarle la carta de los reyes, y para ella tenía un marinero, que había andado en Guinea en lo mismo, y ciertos indios de Guanahani que querían ir con él, con que

---

[79] Cerca de Antequera.

[80] Pareció confundirlos la referencia que los indios hacían de una provincia interior que llamaban *Cubanacán*.

después los tornasen a su tierra. Al parecer del Almirante, distaba de la línea equinoccial 42 grados hacia la banda del Norte [81], si no está corrupta la letra de donde trasladé esto; y dice que había de trabajar de ir al Gran Can, que pensaba que estaba por allí o a la ciudad de Catay, que es del Gran Can, que dice que es muy grande, según le fue dicho antes que partiese de España. Toda aquella tierra dice ser baja, y hermosa y honda la mar.

Miércoles, 31 de octubre

Toda la noche martes anduvo barloventeando, y vio un río donde no pudo entrar por ser baja la entrada, y pensaron los indios que pudieran entrar los navíos como entraban sus canoas. Y navegando adelante, halló un cabo que salía muy fuera y cercado de bajos, y vido una concha o había donde podían estar navíos pequeños; y no lo pudo encabalgar porque el viento se había tirado del todo al Norte y toda la costa se corría al Nornorueste y Sueste, y otro cabo que vio adelante le salía más afuera. Por esto y porque el cielo mostraba de ventar recio se hubo de tornar al río de Mares.

Jueves, 1 de noviembre

En saliendo el sol, envió el Almirante las barcas a tierra a las casas que allí estaban, y hallaron que era toda

---

[81] Su latitud real es 21º06'N. El intento de explicar tan descomunal error ofrece versiones para todos los gustos. Unos lo achacan a los escasos conocimientos colombinos sobre navegación de altura; mientras que otros lo consideraon intencionado para mantener en secerto la situación de las nuevas tierras descubiertas ante las naciones rivales —Portugal— o ante sus propios compañeros de navegación.

la gente huida; y desde a buen rato pareció un hombre y mandó el Almirante que lo dejasen asegurar, y volviéronse las barcas. Y después de comer tornó a enviar a tierra uno de los indios que llevaba, el cual desde lejos le dio voces diciendo que no tuviesen miedo porque eran buena gente y no hacían mal a nadie, ni eran del Gran Can, antes daban de lo suyo en muchas islas que habían estado; y echose a nadar el indio y fue a tierra, y dos de los de allí lo tomaron en brazos y lleváronlo a una casa donde se informaron de él. Y como fueron ciertos que no se les había de hacer mal, se aseguraron y vinieron luego a los navíos más de diez y seis almadías o canoas con algodón hilado y otras cosillas suyas, de las cuales mandó el Almirante que no se tomase nada, porque supiesen que no buscaba el Almirante salvo oro, a que ellos llaman nucay [82]. Y así en todo el día anduvieron y vinieron de tierra a los navíos, y fueron de los cristianos a tierra muy seguramente. El Almirante no vio a algunos de ellos, pero dice el Almirante que vio a uno de ellos un pedazo de plata labrado colgado a la nariz, que tuvo por señal que en la tierra había plata. Dijeron por señas que antes de tres días vendrían muchos mercaderes de la tierra adentro a comprar de las cosas que allí llevan los cristianos y darían nuevas del rey de aquella tierra, el cual, según se pudo entender por las señas que daban, que estaba de allí cuatro jornadas, porque ellos habían enviado muchos por toda la tierra a le hacer saber del Almirante. *«Esta gente, dice el Almirante, es de la misma calidad y costumbre de los otros hallados, sin ninguna secta que yo conozca; que hasta hoy a aquestos que traigo no he visto hacer ninguna oración, antes dicen la Salve y el Ave María con las manos al Cielo como le amuestran,*

---

[82] Las Casas cree que no entendían a los indios porque estos al oro lo llamaban *caona* y no *nucay*.

y hacen la señal de la cruz. Toda la lengua también es una y todos amigos, y creo que sean todas estas islas, y que tengas guerra con el Gran Can, a que ellos llaman Cavila y a la Provincia Bafan. Y así andan también desnudos como los otros.» Esto dice el Almirante. El río dice que es muy hondo, y en la boca pueden llegar los navíos con el bordo [83] hasta tierra; no llega el agua dulce a la boca con una legua, y es muy dulce. *«Y es cierto,* dice el Almirante, *que esta es la tierra firme, y que estoy,* dice él, *ante Zayto y Quinsay cien leguas poco más o poco menos lejos de los uno y de lo otro, y bien se demuestra por la mar que viene de otra suerte que hasta aquí no ha venido, y ayer que iba al Norueste hallé que hacía frío [84].»*

Viernes, 2 de noviembre

Acordó el Almirante enviar dos hombres españoles: el uno se llamaba Rodrigo de Xerez, que vivía en Ayamonte, y el otro era Luis de Torres, que había vivido con el Adelantado de Murcia y había sido judío, y sabía dice que hebraico y caldeo y aun algo arábigo; y con estos envió dos indios: uno de los que consigo traía de Guanahani, y el otro de aquellas casas que en el río estaban poblados. Dioles sartas de cuentas para comprar de comer si les faltaba, y seis días de término para que volviesen. Dioles muestras de especería para ver si alguna de ellas topasen. Dioles instrucción de cómo habían de preguntar por el rey de aquella tierra y lo que le habían de hablar de parte de los Reyes de Castilla, cómo enviaban al Almirante para que

---

[83] Bordo es el *costado del navío de la parte de fuera.*

[84] La mejor opinión sobre este pasaje la escribe al margen Las Casas cuando dice: *esta algarabía no entiendo yo.*

les diese de su parte sus cartas y un presente y para saber
de su estado y cobrar amistad con él, y favorecerle en lo
que hubiese de ellos menester, etc., y que supiesen de ciertas provincias y puertos y ríos de que el Almirante tenía
noticia y cuanto distaban de allí, etc. Aquí tomó el Almirante la altura con un cuadrante esta noche, y halló que estaba 42 grados de la línea aquinocial, y dice que por su
cuenta halló que había andado desde la isla del Hierro mil
y ciento y cuarenta y dos leguas, y todavía afirma que
aquella es tierra firme [85].

Sábado, 3 de noviembre

En la mañana entró en la barca el Almirante, y porque
hace el río en la boca un gran lago, el cual hace un singularísimo puerto muy hondo y limpio de piedras, muy
buena playa para poner navíos a monte [86] y mucha leña,
entró por el río arriba hasta llegar al agua dulce, que sería
cerca de dos leguas, y subió en un montecillo por descubrir algo de la tierra, y no pudo ver nada por las grandes
arboledas, las cuales [eran] muy frescas, odoríferas, por lo
cual dice no tener duda que no haya hierbas aromáticas.
Dice que todo era tan hermoso lo que veía, que no podía
cansar los ojos de ver tanta lindeza y los cantos de las
aves y pajaritos. Vinieron en aquel día muchas almadías o
canoas a los navíos a rescatar cosas de algodón hilado y
redes en que dormían, que son hamacas.

[85] Según los cálculos previos, todo ajustaba (ver nota 34).
[86] Poner los navíos en tierra para carenar y limpiar su casco. La
más necesitada debía ser la *Santa María*.

Domingo, 4 de noviembre

Luego, en amaneciendo, entró el Almirante en la barca y salió a tierra a cazar de las aves que el día antes había visto. Después de vuelto, vino a él Martín Alonso Pinzón con dos pedazos de canela, y dijo que un portugués que tenía en su navío había visto un indio que traía dos manojos de ella grandes, pero que no se la osó rescatar por la pena que el Almirante tenía puesta que nadie rescatase. Decía más: que aquel indio traía unas cosas bermejas como nueces. El contramaestre de la *Pinta* dijo que había hallado árboles de canela. Fue el Almirante luego allá y halló que no eran. Mostró el Almirante a unos indios de allí canela y pimienta [87] —parece que de la que llevaba de Castilla para muestra— y conociéronla, dice que, y dijeron por señas que cerca de allí había mucho de aquello al camino del Sudeste. Mostroles oro y perlas y respondieron ciertos viejos que en un lugar que llamaban Bohío [88] había infinito y que lo traían al cuello y a las orejas y a los brazos y a las piernas, y también perlas. Entendió más, que decían que había naos grandes y mercaderías, y todo esto era al Sueste. Entendió también que lejos de allí había hombres de un ojo y otros con hocicos de perros que comían los hombres, y que en tomando uno lo degollaban y le bebían la sangre y le cortaban su natura [89]. Determinó de volver a la nao el Almirante a esperar los dos hombres

---

[87] Dice Las Casas que debían mentir los indios, porque aquí nunca se encontró canela. La pimienta de las Indias se llamaba ají.

[88] Bohío o Haití es la futura isla Española. También llamaban bohío los indios a sus casas.

[89] He aquí un ejemplo de las leyendas medievales, en la línea de lo que la fantasía de John Mandavila había divulgado. También se recogerá en la carta del Descubrimiento.

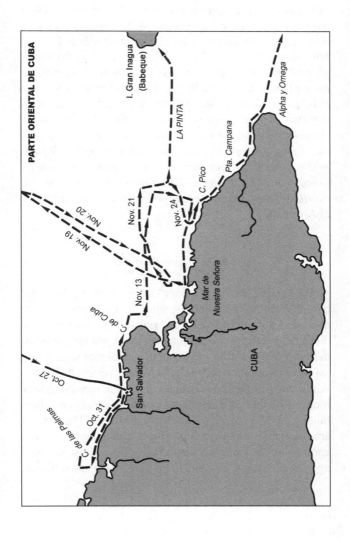

que habían enviado, para determinar de partirse a buscar·
aquellas tierras, si no trajesen aquellos alguna buena nueva
de lo que deseaban. Dice más el Almirante: *«Esta gente es
muy mansa y muy temerosa, desnuda como dicho tengo,
sin armas y sin ley. Estas tierras son muy fértiles, ellos las
tienen llenas de mames*[90]*, que son como zanahorias, que
tiene sabor de castañas, y tienen faxones*[91] *y habas muy
diversas de las nuestras, y mucho algodón, el cual no
siembran, y nacen por los montes árboles grandes, y creo
que en todo tiempo lo haya para coger, porque vi los ca-
pullos abiertos y otros que se abrían y flores, todo en un
árbol, y otras mil maneras de frutas que no me es posible
escribir, y todo debe ser cosa provechosa».* Todo esto dice
el Almirante.

Lunes, 5 de noviembre

En amanecido, madó poner la nao a monte y los otros
navíos, pero no todos juntos, sino que quedasen siempre
dos en el lugar donde estaban, por la seguridad, aunque
dice que aquella gente era muy segura, y sin temor se pudieran poner todos los navíos juntos en el monte. Estando
así vino el contramaestre de la *Niña* a pedir albricias al
Almirante porque había hallado almáciga, mas no traía la
muestra porque se le había caído. Prometióselas el Almirante y envió a Rodrigo Sánchez y a Maestre Diego a los
árboles y trajeron un poco de ella, la cual guardó para llevar a los reyes y también del árbol; y dice que se conoció
que era almáciga, aunque se ha de coger a sus tiempos,

---

[90] Según Las Casas, son ajes o batatas.
[91] Faxones o faxoes, se trata de frísoles o fríjoles.

y que había en aquella comarca para sacar mil quintales cada año. Halló, dice, que allí mucho de aquel palo que la pareció lignaloe. Dice más, que aquel puerto de Mares es de los mejores del mundo, y mejores aires y más mansa gente, y porque tiene un cabo de peña altillo, se puede hacer una fortaleza, para que, si aquello saliese rico y cosa grande, estarían allí los moradores seguros de cualquiera otras naciones. Y dice: «*Nuestro Señor, en cuyas manos están todas las victorias, adereza todo lo que fuere su servicio*». Dice que dijo un indio por señas que el almáciga era buena para cuando les dolía el estómago.

Martes, 6 de noviembre

Ayer en la noche, dice el Almirante, vinieron los dos hombres que había enviado a ver la tierra dentro, y le dijeron como habían andado doce leguas que había hasta una población de cincuenta casas, donde dice que habría mil vecinos porque viven muchos en una casa. Estas casas son de manera de alfaneques [92] grandísimos. Dijeron que los habían recibido con gran solemnidad, según su costumbre, y todos, así hombres como mujeres, los venían a ver, y aposentáronlos en las mejores casas; los cuales los tocaban y les besaban las manos y los pies maravillándose y creyendo que venían del Cielo, y así se lo daban a entender. Dábanles de comer de lo que tenían. Dijeron que en llegando los llevaron de brazos los más honrados del pueblo a la casa principal, y diéronles dos sillas [93]

---

[92] Tienda de campaña. Palabra de origen árabe.
[93] Se trata de *duhos*. Eran asientos reservados a los grandes señores.

en que se sentaron, y ellos todos se sentaron en el suelo en
derredor de ellos. El indio que con ellos iba les notificó la
manera de vivir de los cristianos y cómo eran buena
gente. Después, saliéronse los hombres, y entraron las
mujeres y sentaronse de la misma manera en derredor de
ellos, besándoles las manos y los pies, palpándolos, aten-
tándolos si eran de carne y de hueso como ellos. Rogábanles que se estuviesen allí con ellos al menos por cinco
días. Mostraron la canela y pimienta y otras especias que el
Almirante les había dado, y dijéronles por señas que mucha de ella había cerca de allí al Sueste, pero que en allí
no sabían si la había. Visto como no tenían recaudo de la
ciudad, se volvieron, y que si quisieran dar lugar a los que
con ellos se querían venir, que más de quinientos hombres
y mujeres vinieran con ellos, porque pensaban que se volvían al cielo. Vino, empero, con ellos un principal del
pueblo y un su hijo y un hombre suyo. Habló con ellos el
Almirante, hízoles mucha honra, señalole muchas tierras
e islas que había en aquellas partes. Pensó de traerlo a los
Reyes, y dice que no supo qué se le antojó parece que de
miedo, y de noche oscuro quísose ir a tierra. Y el Almirante dice que porque tenía la nao en seco en tierra, no le
queriendo enojar, le dejó ir, diciendo que en amaneciendo
lo tornaría; el cual nunca tornó. Hallaron los dos cristianos por el camino mucha gente que atravesaba a sus pueblos, mujeres y hombres, con un tizón en la mano [94], hierbas

---

[94] Es la primera vez que se hace referencia expresa al tabaco. Las
Casas, en su *Historia*, lib. I, cap. 46, lo describe así: *Hallaron estos dos
cristianos por el camino mucha gente que atravesaban a sus pueblos
mujeres y hombres, siempre los hombres con un tizón en las manos y
ciertas hierbas para tomar sus sahumerios, que son unas hierbas secas
metidas en una cierta hoja, seca también, a manera de mosquete hecho
de papel... y encendido por la una parte dél, por la otra chupan o sor-*

para tomar sus sahumerios que acostumbraban. No hallaron población por el camino de más de cinco casas, y todos les hacían el mismo acatamiento. Vieron muchas maneras de árboles e hierbas y flores odoríferas. Vieron aves de muchas maneras diversas de las de España, salvo perdices y ruiseñores que cantaban ánsares, que de estos hay allí hartos; bestias de cuatro pies no vieron, salvo perros que no ladraban. La tierra muy fértil y muy labrada de aquellos mames y fexoes y habas muy diversas de las nuestras, eso mismo panizo y mucha cantidad de algodón cogido y hilado y obrado; y que en una sola casa habían visto más de quinientas arrobas y que se pudiera haber allí cada año cuatro mil quinientas. Dice el Almirante que le parecía que no lo sembraban y que da fruto todo el año: es muy fino, tiene el capullo grande. Todo lo que aquella gente tenía dice que daba por muy vil precio, y que una gran espuerta de algodón daba por cabo de agujeta (o otra cosa que se le dé). Son gente, dice el Almirante, muy sin mal ni de guerra, desnudos todos, hombres y mujeres, como sus madres los parió. Verdad es que las mujeres traen una cosa de algodón solamente tan grande que le cobija su natura y no más. Y son ellas de muy buen acatamiento, ni muy negras, salvo menos que canarias. *«Tengo por dicho, serenísimos príncipes,* dice el Almirante, *que sabiendo la lengua dispuesta suya personas devotas religiosas, que luego todos se tornarían cristianos, y así es-*

---

ben o reciben con el resuello para adentro aquel humo; con el cual se adormecen las carnes y cuasi emborracha, y así diz que no sienten el cansancio. Estos mosquetes, o como les nombraremos, llaman ellos tabacos. Españoles cognoscí yo en esta isla Española, que los acostumbraron a tomar, que siendo reprendidos por ello, diciéndoseles que aquello era vicio, respondían que no era en su mano dejallos de tomar; no sé qué sabor o provecho hallaban en ellos. El uso del tabaco se generalizará en Europa un siglo después.

pero en Nuestro Señor que Vuestras Altezas se determi-
narán a ello con mucha diligencia para tornar a la Igle-
sia tan grandes pueblos, y los convertirán, así como han
destruido aquellos que no quisieron confesar el Padre y
el Hijo y el Espíritu Santo; y después de sus días, que to-
dos somos mortales, dejarán sus reinos en muy tranquilo
estado y limpios de herejía y maldad, y serán bien recibi-
dos delante del Eterno Criador, al cual plega de les dar
larga vida y acrecentamiento grande de mayores reinos y
señoríos, y voluntad y disposición para acrecentar la santa
religión cristiana, así como hasta aquí tienen hecho.
Amén. Hoy tiré la nao de monte [95] *y me despacho para*
partir el jueves en nombre de Dios e ir a la Sueste a bus-
car del oro y especerías y descubrir tierra.» Estas todas
son palabras del Almirante, el cual pensó partir el jueves,
pero porque lo hizo el viento contrario no pudo partir
hasta doce días de noviembre.

Lunes, 12 de noviembre

Partió del puerto y río de Mares al rendir del cuarto de
alba, para ir a una isla que mucho afirmaban los indios
que traía, que se llama Babeque [96], adonde, según dicen
por señas, que la gente de ella coge el oro con candelas de
noche en la playa, y después con martillo diz que hacían
vergas de ello, y para ir a ella era menester poner la proa
al Leste cuarta del Sueste. Después de haber andado ocho
leguas por la costa delante halló un río, y después de an-

---

[95] Botar la nao, tras la limpieza del casco.
[96] Babeque o Baneque queda en una completa bruma. Hay dudas.

dadas otras cuatro halló otro río que parecía muy caudaloso y mayor que ninguno de los otros que había de ellos
por dos respectos; el uno y principal, porque el tiempo y
viento era bueno para ir en demanda de la dicha isla de
Babeque; lo otro, porque si en él hubiera alguna populosa
o famosa ciudad cerca de la mar se pareciera, y para ir
por el río arriba eran menester navíos pequeños, lo que no
eran los que llevaba; y así se perdiera también mucho
tiempo, y los semejantes ríos son cosa para descubrirse
por sí. Toda aquella costa era poblada mayormente cerca
del río, a quien puso por nombre el río del Sol. Dijo que
el domingo antes, once de noviembre, le había parecido
que fuera bien tomar algunas personas de las de aquel río
para llevar a los reyes porque aprendieran nuestra lengua,
para saber lo que hay en la tierra y porque volviendo sean
lenguas de los cristianos y tomen nuestras costumbres y
las cosas de la Fe, «*porque yo vi e conozco*, dice el Almirante, *que esta gente no tiene secta ninguna ni son idólatras, salvo muy mansos y sin saber que sea mal ni matar
a otros ni prender, y sin armas y tan temerosos que a una
persona de los nuestros huyen ciento de ellos, aunque
burlen con ellos, y crédulos y conocedores que hay Dios
en el cielo, y firmes que nosotros hemos venido del cielo,
y muy prestos a cualquiera oración que nos les digamos
que digan y hacen señal de la cruz. Así que deben Vuestras Altezas determinarse a los hacer cristianos, que creo
que sí comienzan, en poco tiempo acabarán de los haber
convertido a nuestra Santa Fe multidumbre de pueblos, y
cobrando grandes señoríos y riquezas, y todos sus pueblos de la España, porque sin duda es en estas tierras
grandísima suma de oro, que no sin causa dicen estos indios que yo traigo, que hay en estas islas lugares adonde
cavan el oro y lo traen al pescuezo, a las orejas y a los
brazos y a las piedras, y son manillas muy gruesas, y tam-*

bién hay piedras y hay perlas preciosas y infinita especería. Y en este río de los Mares, de adonde partí esta noche, sin duda hay grandísima cantidad de almáciga y mayor si mayor se quisiere hacer, porque los mismos árboles plantándolos prenden de ligero y hay muchos y muy grandes, y tienen la hoja como lentisco y el fruto, salvo que es mayor, así los árboles como la hoja, como dice Plinio [97], y yo he visto en la isla de Xio [98], en el archipiélago, y mandé sangrar muchos de estos árboles para ver si echarían resina para la traer, y como haya siempre llovido el tiempo que yo he estado en el dicho río, no he podido haber de ella, salvo muy poquita que traigo a Vuestras Altezas; y también puede ser que no es tiempo para los sangrar, que esto creo que conviene al tiempo que los árboles comienzan a salir del invierno y quieren echar la flor, y acá ya tienen el fruto cuasi maduro agora. Y también aquí se habría grande suma de algodón y creo que se vendería muy bien acá sin le llevar a España, salvo a las grandes ciudades del Gran Can que se descubrirán sin duda y otras muchas de otros señores que habrán en dicha servir a Vuestras Altezas, y adonde se les darán de otras cosas de España y de las tierras de Oriente, pues estas son a nos en Poniente. Y aquí hay también infinito lináloe, aunque no es cosa para hacer gran caudal; mas del almáciga es de entender bien, porque no la hay, salvo en la dicha isla de Xio, y creo que sacan de ello bien cincuenta mil ducados, si mal no me acuerdo. Y hay aquí, en la boca del dicho río, el mejor puerto que hasta hoy vi, limpio y ancho y fondo y buen lugar y asiento para hacer una villa y fuerte, y que cualesquier navíos se puedan

---

[97] Plinio, *Historia Natural*, caps. XIII y XXIII.

[98] Xío o Quíos es una isla del Mediterráneo oriental junto a la costa de Turquía asiática. Pertenecía a la Señoría de Génova.

llegar el bordo a los muros, y tierra muy temperada y alta y muy buenas aguas. Así que ayer vino a bordo de la nao una almadía con seis mancebos, y los cinco entraron en la nao; estos mandé detener y los traigo. Y después envié a una casa que es de la parte del río del Poniente, y trajeron siete cabezas de mujeres entre chicas y grandes y tres niños. Esto hice porque mejor se comportan los hombres en España habiendo mujeres de su tierra que sin ellas, porque ya otras muchas veces se acaeció traer hombres de Guinea para que aprendiesen la lengua en Portugal, y después que volvían y pensaban de se aprovechar de ellos en su tierra por la buena compañía que le habían hecho y dádivas que se les habían dado, en llegando en tierra jamás parecían. Otros no lo hacían así. Así que, teniendo sus mujeres tendrán gana de negociar lo que se les encargare, y también estas mujeres mucho enseñarán a los nuestros su lengua, la cual es toda una en todas las islas de India, y todos se entienden y todas las andan con sus almadías, lo que no han en Guinea, adonde es mil maneras de lenguas que la una no entiende la otra. Esta noche vino a bordo en una almadía el marido de una de estas mujeres y padre de tres hijos, un macho y dos hembras, y dijo que yo le dejase venir con ellos, y a mí me plugo mucho, y quedan agora todos consolados con él, que deben todos ser parientes, y él es ya hombre de 45 años». Todas estas palabras son formales del Almirante. Dice también arriba que hacía algún frío, y por esto que no le fuera buen consejo en invierno navegar al Norte para descubrir. Navegó este lunes hasta el sol puesto 18 leguas al Leste cuarta del Sueste, hasta un cabo al que puso por nombre el Cabo de Cuba.

Martes, 13 de noviembre

Esta noche toda estuvo a la corda, como dicen los marineros, que es andar barloventeando, y no andar nada, por ver un abra, que es una abertura de sierras como entre sierra y sierra, que le comenzó a ver al poner del sol, adonde se mostraban dos grandísimas montañas, y parecía que se apartaba la tierra de Cuba con aquellas de Bohío; y esto decían los indios que consigo llevaban por señas. Venido el día claro, dio las velas sobre la tierra y pasó una punta que le pareció anoche obra de dos leguas, y entró en un grande golfo cinco leguas al sursudueste, y le quedaban otras cinco para llegar al cabo, adonde en medio de dos grandes montes, hacían un degollado[99], el cual no pudo determinar si era entrada de mar. Y porque deseaba ir a la isla que llamaban Baneque, adonde tenía nueva, según él entendía, que había mucho oro, la cual isla le salía al Leste, como no vido que le crecía más que nunca hasta allí, acordó de hacerse a la mar y andar al Leste con el viento que era Norte; y andaba 8 millas cada hora, y desde las diez del día que tomó aquella derrota hasta el poner del sol anduvo 56 millas, que son 14 leguas al Leste desde el Cabo de Cuba. Y de la otra tierra de Bohío que le quedaba a sotavento[100] comenzando del cabo del sobredicho golfo, descubrió a su parecer ochenta millas, que son veinte leguas, y corríase toda aquella costa Lesueste y Ouesnoroeste.

---

[99] Garganta, estrechamiento entre dos montes (el mismo sentido el 19 de diciembre).

[100] Parte opuesta a donde sopla el viento, frente a *barlovento,* que es la parte de donde el viento sopla.

Miércoles, 14 de noviembre

Toda la noche de ayer anduvo al reparto y barloventeando, porque decía que no era razón de navegar entre aquellas islas de noche hasta que las hobiese descubierto; y porque los indios que traía le dijeron ayer martes que habría tres jornadas desde el río de Mares hasta la isla de Baneque, que se debe entender jornadas de sus almadías, que pueden andar siete leguas, y el viento también les escaseaba, y habiendo de ir al Leste, no podía sino a la cuarta del Sueste, y por otros inconvenientes que allí refiere se hubo [de] detener hasta la mañana. Al salir del sol determinó de ir a buscar puerto, porque de Norte se había mudado el viento al Nordeste, y si puerto no hallara fuérale necesario volver atrás a los puertos que dejaba en la isla de Cuba. Llegó a tierra habiendo andado aquella noche veinticuatro millas al Leste cuarta del Sueste. Anduvo al Sur [101] millas hasta tierra, adonde vio muchas entradas y muchas isletas y puertos; y porque el viento era mucho y la mar muy alterada no osó acometer a entrar, antes corrió por la costa al Norueste cuarta del Oeste, mirando si había puerto; y vido que había muchos, pero no muy claros. Después de haber andado así sesenta y cuatro millas halló una entrada muy honda, ancha un cuarto de milla, y buen puerto y río, donde entró y puso la proa al Sursudueste y después al Sur hasta llegar al Sueste, todo de buena anchura y muy hondo, donde vido tantas islas que no las pudo contar todas, de buena grandeza, y muy altas tierras llenas de diversos árboles de mil maneras e infinitas palmas. Maravillose en gran manera de ver tantas islas y tan altas y certifica a los Reyes que las montañas que

---

[101] En blanco en el original.

desde antier ha visto por estas costas y las de estas islas, pero que le parece que no las hay más altas en el mundo ni tan hermosas y claras, sin niebla ni nieve, y al pie de ellas grandísimo fondo; y dice que cree que estas islas son aquellas innumerables que en los mapamundos en fin de Oriente se ponen. Y dijo que creía que había grandísimas riquezas y piedras preciosas y especería en ellas, y que duran muy mucho al Sur y se ensanchan a toda parte. Púsoles nombre la mar de Nuestra Señora. Dice tantas y tales cosas de la fertilidad y hermosura y altura de estas islas que halló en este puerto, que dice a los Reyes que no se maravillen de encarecerlas tanto, porque los certifica que cree que no dice la centésima parte: algunas de ellas que parecía que llegan al cielo y hechas como puntas de diamantes; otras que sobre su gran altura tienen encima como una mesa, y al pie de ellas fondo grandísimo, que podrá llegar a ellas una grandísima carraca, todas llenas de arboledas y sin peñas.

Jueves, 15 de noviembre

Acordó de andallas estas islas con las barcas de los navíos, y dice maravillas de ellas y que halló almáciga e infinito lináloe, y algunas de ellas eran labradas de las raíces de que hacen su pan [102] los indios, y halló haber encendido fuego en algunos lugares. Agua dulce no vido; gente había alguna y huyeron. En todo lo que anduvo halló hondo de quince y diez y seis brazas, y todo basa, que quiere decir que el suelo de abajo es arena y no peñas, lo que mucho desean los marineros, porque las peñas cortan los cables de las anclas de las naos.

---

[102] Raíces de yuca, que sirven para elaborar en pan cazabe.

Viernes, 16 de noviembre

Porque en todas las partes, islas y tierras donde entraba dejaba siempre puesta una cruz entró en la barca y fue a la boca de aquellos puertos, y en una punta de la tierra halló dos maderos muy grandes, uno más largo que el otro, y el uno sobre el otro hechos cruz, que diz que un carpintero no los pudiera poner más proporcionados; y, adorada aquella cruz, mandó hacer de los mismos maderos una muy grande y alta cruz. Halló cañas por aquella playa, que no sabía dónde nacían, y creía que las traería algún río y las echaba a la playa, y tenía en esto razón. Fue a una cala dentro de la entrada del puerto de la parte del Sueste (cala es una entrada angosta que entra el agua del mar en la tierra). Allí hacía un alto de piedra y peña como cabo, y el pie de él era muy hondo, que la mayor carraca del mundo pudiera poner el bordo en tierra, y había un lugar o rincón donde podían estar seis navíos sin anclas como en una sala. Pareciole que se podía hacer allí una fortaleza a poca costa, si en algún tiempo en aquella mar de islas resultase algún resgate famoso. Volviéndose a la nao, halló los indios que consigo traía que pescaban caracoles muy grandes que en aquellas mares hay; y hizo entrar la gente allí y buscar si había nácaras, que son las ostras donde crían las perlas, y hallaron muchas, pero no perlas, y atribuyolo a que no debía de ser el tiempo de ellas, que creía él que era por mayo y junio. Hallaron los marineros un animal que parecía taso o taxo. Pescaron también con redes y hallaron un pece, entre otros muchos, que parecía propio puerco, no como tonina, el cual diz que era todo concha muy tiesta, y no tenía cosa blanda sino la cola y los ojos, y un agujero debajo de ella para expeler sus superfluidades. Mandolo salar para llevar que lo viesen los Reyes.

Sábado, 17 de noviembre

Entró en la barca por la mañana y fue a ver las islas que no había visto por la banda del Sudueste. Vido muchas otras y muy fértiles y muy graciosas, y entre medio de ellas muy gran fondo. Algunas de ellas dividían arroyos de agua dulce, y creía que aquella agua y arroyos salían de algunas fuentes que manaban en los altos de las sierras de las islas. De aquí yendo adelante halló una ribera de agua muy hermosa y dulce, y salía muy fría por lo enjuto de ella; había un prado muy lindo y palmas y muchas y altísimas más que las que había visto. Halló nueces grandes de las de la India, creo que dice, y ratones grandes [103] de los de India también, y cangrejos grandísimos. Aves vido muchas y olor vehemente de almizcle, y creyó que lo debía de haber allí. Este día, de seis mancebos que tomó en el río de Mares, que mandó que fuesen en la carabela *Niña,* se huyeron los dos más viejos.

Domingo, 18 de noviembre

Salió en las barcas otra vez con mucha gente de los navíos y fue a poner la gran cruz que había mandado hacer de los dichos dos maderos a la boca de la entrada del dicho puerto del Príncipe, en un lugar vistoso y descubierto de árboles, ella muy alta y muy hermosa vista. Dice que la mar crece y descrece allí mucho más que en otro puerto de lo que por aquella tierra haya visto, y que no es más maravilla por las muchas islas, y que la marea es al revés

---

[103] Se trata de la hutía, mamífero roedor semejante a una gran rata o a un conejo.

de las nuestras [104], porque allí la luna al Sudueste cuarta del Sur es baja mar en aquel puesto. No partió de aquí por ser domingo.

Lunes, 19 de noviembre

Partió antes que el sol saliese y con calma; y después al mediodía ventó algo el Leste y navegó al Nornordeste. Al poner del sol le quedaba el puerto del Príncipe al Sur-sudueste, y estaría de él siete leguas. Vido la isla de Baneque al Leste justo, de la cual estaría sesenta millas. Navegó toda esta noche al Nordeste; escaso andaría sesenta millas y hasta las diez del día martes otras doce, que son por todas dieciocho leguas, y al Nordeste cuarta del Norte.

Martes, 20 de noviembre

Quedábanle el Baneque o las islas de Baneque al Lesueste, de donde salía el viento que llevaba contrario. Y viendo que no se mudaba y la mar se alteraba, deter-minó de dar la vuelta al puerto del Príncipe, de donde ha-bían salido, que le quedaba veinticinco leguas. No quiso ir a la isleta que llamó Isabela, que le estaba doce leguas que pudiera ir a surgir aquel día, por dos razones: la una porque vido dos islas al Sur, las quería ver; la otra, porque los indios que traía, que había tomado en Guanahany, que llamó San Salvador, que estaba ocho leguas de aquella Isabela, no se le fuesen, de los cuales diz que tenía nece-sidad y por traellos a Castilla, etc. Tenían diz que enten-

---

[104] Aquí de nuevo demuestra sus dotes de observación sobre las mareas lunares.

dido que en hallando oro los había el Almirante de dejar tornar a su tierra. Llegó en paraje del puerto del Príncipe, pero no lo pudo tomar, porque era de noche y porque lo decayeron [105] las corrientes al Norueste. Tornó a dar la vuelta y puso la proa al Nordeste con viento recio; amansó y mudose el viento al tercero cuarto de la noche; el viento era Susueste y mudose al alba de todo en Sur, y tocaba en el Sueste. Salido el sol marcó el puerto del Príncipe, y quedábale al Sudueste y cuasi a la cuarta del Oueste, y estaría de él 48 millas que son doce leguas.

Miércoles, 21 de noviembre

Al sol salido, navegó al Leste con viento Sur. Anduvo poco por la mar contraria. Hasta horas de vísperas hubo andado veinticuatro millas; después se mudó el viento al Leste y anduvo al Sur cuarta del Sueste, y al poner del sol habían andado doce millas. Aquí se halló el Almirante en 42 grados de la línea equinocial a la parte del Norte, como en el puerto de Mares, pero aquí dice que tiene suspenso el cuadrante hasta llegar a tierra que lo adobe. Por manera que le parecía que no debían distar tanto, y tenían razón, porque no era posible como no estén estas islas sino en [21] grados [106]. Para creer que el cuadrante andaba bueno, le movía ver, diez que el Norte tan alto como en Castilla, y si esto es verdad mucho allegado y alto andaba con la Florida; pero ¿dónde están luego agora estas islas que entre manos traía? Ayudaba a esto que hacía diz que gran calor, pero claro es que si estuviera en la costa de la

---

[105] Separar del rumbo.

[106] Vacío en el texto original. De nuevo vuelve a repetir errores anteriores.

Florida que no hobiera calor, sino frío. Y es también manifiesto que en cuarenta y dos grados en ninguna parte de la tierra se cree hacer calor, si no fuese por alguna causa de *per accidens,* lo que hasta hoy no creo yo que se sabe. Por este calor que allí el Almirante dice que padecía, arguye que en estas Indias y por allí adonde andaba debía de haber mucho oro. Este día se apartó Martín Alonso Pinzón [107] con la carabela *Pinta,* sin obediencia y voluntad del Almirante, por codicia, diz que pensando que un indio que el Almirante había mandado poner en aquella carabela le había de dar mucho oro, y así se fue sin esperar, sin causa de mal tiempo, sino porque quiso. Y dice aquí el Almirante: «*Otras muchas me tiene hecho y dicho*».

Jueves, 22 de noviembre

Miércoles en la noche navegó al Sur cuarta del Sueste con el viento Leste, y era cuasi calma. Al tercero cuarto ventó Nornordeste. Todavía iba al Sur por ver aquella tierra que allí le quedaba, y cuando salió el sol se halló tan lejos como el día pasado por las corrientes contrarias, y quedábale la tierra cuarenta millas. Esta noche Martín Alonso siguió el camino del Leste para ir a la Isla de Baneque, donde dicen los indios que hay mucho oro, el cual iba a vista del Almirante, y habría hasta él 16 millas. Anduvo el Almirante toda la noche la vuelta de tierra y hizo tomar algunas de las velas y tener farol toda la noche, por-

---

[107] Con esta deserción del paleño afloran por primera vez en el *Diario* las suspicacias y rivalidades entre Martín Alonso Pinzón y el Almirante. Permanecerán separados hasta el 6 de enero. Colón nunca se lo perdonaría.

que le pareció que venía hacia él, y la noche hizo muy clara y el venticillo bueno para venir a él si quisiera.

Viernes, 23 de noviembre

Navegó el Almirante todo el día hacia la tierra del Sur, siempre con poco viento, y la corriente nunca le dejó llegar a ella, antes estaba hoy tan lejos de ella al poner del sol como en la mañana. El viento era Lesnordeste y razonable para ir al Sur, sino que era poco, y sobre este cabo encabalga otra tierra o cabo que va también al Leste, a quien aquellos indios que llevaba llamaban Bohío, la cual decían que era muy grande y que había en ella gente que tenía un ojo en la frente, y otros que se llamaban caníbales [108], a quien mostraban tener gran miedo. Y des que vieron que lleva este camino, dice que no podían hablar porque los comían y que son gente muy armada. El Almirante dice que bien cree que había algo de ello, mas que, pues eran armados, sería gente de razón, y creía que habrían cautivado algunos y que, porque no volvían a sus tierras, dirían que los comían. Lo mismo creían de los cristianos y del Almirante, al principio que algunos los vieron.

Sábado, 24 de noviembre

Navegó aquella noche toda, y a la hora de tercia del día tomó la tierra sobre la isla llana [109], en aquel mismo

---

[108] A la llegada de los españoles, los caníbales, *caniba* o *caribes* eran un pueblo en plena expansión. Dominaban las pequeñas Antillas y con sus incursiones sobre el resto de las islas tenían atemorizados a los pacíficos taínos o arauacos. Se les acusa de antropófagos.

[109] Actual Cayo Moa Grande.

lugar donde había arribado la semana pasada cuando iba a la isla de Baneque. Al principio no osó llegar a la tierra, porque le pareció que en aquella abra de sierras rompía la mar mucho en ella. Y, en fin, llegó a la mar de Nuestra Señora, donde había las muchas islas, y entró en el puerto que está junto a la boca de la entrada de las islas. Y dice que si él antes supiera este puerto y no se ocupara en ver las islas de la mar de Nuestra Señora, no le fuera necesario volver atrás, aunque dice que lo da por bien empleado, por haber visto las dichas islas. Así que llegando a tierra envió la barca y tentó el puerto y halló muy buena barra, honda de seis brazos, y hasta veinte y limpio, todo basa. Entró en él, poniendo la proa al Sudueste y después volviendo al Oeste, quedando la isla llana de la parte del Norte; la cual, con otra su vecina, hace una laguna de mar en que cabrían todas las naos de España y podían estar seguras, sin amarras de todos los vientos. Y esta entrada de la parte del Sueste, que se entra poniendo la proa al Susudueste, tiene la salida al Oeste muy honda y muy ancha, así que se puede pasar entremedio de las dichas islas. Y por conocimiento de ellas a quien viniese de la mar de la parte del Norte, que es su travesía de esta costa, están las dichas islas al pie de una grande montaña, que es su longura de Leste Oueste, y es harto luenga y más alta que ninguna de todas las otras que están en esta costa, adonde hay infinitas; y hace fuera una restinga al luengo de la dicha montaña como un banco que llega hasta la entrada; todo esto de la parte del Sueste; y también de la parte de la isla llana hace otra restinga, aunque esta es pequeña, y así entremedias de ambas hay gran anchura y fondo grande, como dicho es. Luego a la entrada, a la parte del sueste, dentro en el mismo puerto, vieron un río grande y muy hermoso, y de más agua que hasta entonces habían visto, y que venía el agua dulce hasta la mar. A la entrada tiene un banco, mas después, dentro es muy hondo, de ocho y nueve brazas. Está todo lleno de palmas y de muchas arboledas como los otros.

Domingo, 25 de noviembre

Antes del sol salido, entró en la barca y fue a ver un cabo o punta de tierra al Sueste de la isleta llana, obra de una legua y media, porque le parecía que debía de haber algún río bueno. Luego, a la entrada del cabo, de la parte del Sueste, andando dos tiros de ballesta, vio venir un grande arroyo de muy linda agua que descendía de una montaña abajo, y hacía gran ruido. Fue al río y vio en él unas piedras a relucir, con unas manchas en ellas de color de oro, y acordose que, en el río Tejo al pie de él, junto a la mar, se halla oro, y pareciole que cierto debía de tener oro, y mandó coger ciertas de aquellas piedras para llevar a los Reyes. Estando así, dan voces los mozos grumetes, diciendo que veían pinares. Miró por la sierra y vídolos tan grandes y tan maravillosos, que no podía encarecer su altura y derechura como husos, gordos y delgados, donde conoció que se podían hacer navíos e infinitas tablazón y mástiles para las mayores naos de España. Vido robles y madroños, y un buen río y aparejo para hacer sierras de agua. La tierra y los aires más templados que hasta allí, por la altura y hermosura de las sierras. Vido por la playa muchas otras piedras de color de hierro, y otras que decían algunos que eran minas de plata, todas las cuales trae el río. Allí cogió una entena y mastel para la mesana de la carabela *Niña*. Llegó a la boca del río y entró en una cala, al pie de aquel cabo de la parte del Sueste, muy honda y grande, en que cabrían cien naos sin alguna amarra ni anclas; y el puerto, que los ojos otro tal nunca vieron. Las sierras altísimas, de las cuales descendían muchas aguas lindísimas; todas las sierras llenas de pinos y por todo aquello diversísimas y hermosísimas florestas de árboles. Otros dos o tres ríos les quedaban atrás. Encarece todo esto en gran manera a los Reyes y muestra haber recibido de verlo, y mayormente los pinos, inestimable alegría y gozo, porque se podrán hacer allí cuantos navíos desearen, trayendo los aderezos si no fuere madera y pez, que allí te hará harta, afirma no encarecerlo la centésima parte de lo que es, y que plugo a Nuestro Señor de le mostrar siempre una cosa mejor que otra, y siempre en lo que hasta allí había descubierto iba de bien en mejor, así en las tierras y arboledas y hierbas y frutos y flores como en las gentes, y siempre de diversa manera. Y así en un lugar como en otro, lo mismo en los puertos y en las aguas. Y finalmente dice que, cuando al que lo ve es tan grande admiración, cuánto más será a quien lo oyere, y que nadie lo podrá creer si no lo viere.

Lunes, 26 de noviembre

Al salir el sol levantó las anclas del puerto de Santa Catalina, adonde estaba dentro de la isla llana, y navegó de luengo de la costa con poco viento Sudueste al camino del Cabo del Pico, que era el Sueste. Llegó al Cabo tarde, porque le calmó el viento; y, llegado, vido al Sueste cuarta del Leste otra cabo que estaría de él sesenta millas; y de allí vido otro cabo que estaría hacia el navío al Sueste cuarta del Sur, y pareciole que estaría de él veinte millas, al cual puso nombre el Cabo de Campana, al cual no pudo llegar de día porque le tornó a calmar del todo el viento. Andaría en todo aquel día treinta y dos millas, que son ocho leguas; dentro de las cuales notó y marcó nueve puertos muy señalados, los cuales todos los marineros hacían maravillas, y cinco ríos grandes, porque iba siempre junto con tierra para verlo bien todo. Toda aquella tierra es montañas altísimas muy hermosas, y no secas ni de peñas, sino todas andables y valles hermosísimos; y así los valles como las montañas eran llenos de árboles altos y frescos, que era gloria mirarlos, y parecía que eran muchos pinares. Y también detrás del dicho cabo del Pico, de la parte del Sueste, están dos isletas que tendrá cada una en cerco dos leguas, y dentro de ellas tres maravillosos puertos y dos grandes ríos. En toda esta costa no vido poblado ninguno desde la mar; podría ser haberlo, y hay señales de ello, porque dondequiera que saltaban en tierra hallaban señales de haber gente y fuegos muchos. Estimaba que la tierra que hoy vido de la parte de Sueste del cabo de Campana era la isla que llamaban los indios Bohío. Y parécelo porque dicho cabo está apartado de aquella tierra. Toda la gente que hasta hoy ha hallado diz que tiene grandísimo temos de los de los Caniba o Canima, y dicen que viven en esta isla de Bohío, la cual debe de ser muy grande, según le parece, y cree que van a tomar a aquellos a sus tierras y casas, como sean muy cobardes y no saber de armas; y a esta causa les parece que aquellos indios que traía no suelen poblarse a la costa de la mar, por ser vecinos de esta tierra, los cuales diz que después que le vieron tomar la vuelta de esta tierra no podían hablar, temiendo que los habían de comer, y no le podía quitar el temor, y decían que no tenían sino un ojo y la cara de perro, y creía el Almirante que mentían, y sentía el Almirante que debían de ser del señorío del Gran Can, que los cautivaban.

Martes, 27 de noviembre

Ayer, al poner del sol, llegó cerca de un cabo que llamó Campana, y porque el cielo claro y el viento poco, no quiso ir a tierra a surgir, aunque tenía de sotavento cinco o seis puertos maravillosos, porque se detenía más de lo que quería por el apetito y delectación que tenía y recibía de ver y mirar la hermosura y frescura de aquellas tierras donde quiera que entraba, y por no se tardar en proseguir lo que pretendía. Por estas razones se tuvo aquella noche a la corda y temporejar hasta el día. Y porque los aguajes y corrientes lo habían echado aquella noche más de cinco o seis leguas al Sueste adelante de donde había anochecido, y le había parecido la tierra de Campana, y allende aquel cabo parecía una grande entrada que mostraba dividir una tierra de otra y hacía como isla en medio, acordó volver atrás con viento Sudueste, y vino adonde le había parecido el abertura, y halló que no era sino una grande bahía, y al cabo de ella, de la parte del sueste, un cabo en el cual hay una montaña alta y cuadrada que parecía isla. Saltó el viento en el Norte y tornó a tomar la vuelta del Sueste, por correr la costa y descubrir todo lo que por allí hubiese. Y vido luego al pie de aquel cabo de Campana un puerto maravilloso y un gran río, y de a un cuarto de legua, otro río, y de allí a media legua, otro río, y dende a otra media legua, otro río; y dende a una legua, otro río, y dende a otra, otro río; y dende a otro cuarto, otro río; y dende a otra legua otro río grande, desde el cual hasta el cabo de Campana habría veinte millas y le quedan al Sueste. Y los más de estos ríos tenían grandes entradas y anchas y limpias, con sus puertos maravillosos para naos grandísimas, sin bancos de arena ni de piedras ni restringas. Viniendo así por la costa a la parte del Sueste del dicho postrero río, halló una grande población, la mayor que hasta hoy haya hallado, y vido venir infinita gente a la ribera de la mar dando grandes voces, todos desnudos, con sus azagayas en la mano. Deseó de hablar con ellos y amainó las velas y surgió, y envió las barcas de la nao y de la carabela, por manera ordenados que no hiciesen daño alguno a los indios ni los recibiesen, mandando que les diesen algunas cosillas de aquellos rescates. Los indios hicieron ademanes de no los dejar saltar en tierra y resistirlos. Y viendo que las barcas se allegaban más a tierra y que no les habían miedo, se apartaron de la mar; y creyendo que saliendo dos o tres hombres de las barcas no temieran, salieron tres cristianos diciendo que no hubiesen miedo en su lengua, porque sabían algo de ella, por la conversación de los que traen consigo. En fin, dieron todos a huir, que ni grande ni chico quedó. Fueron los tres cristianos a las casas, que son de paja y de la hechura de las otras que habían visto, y no hallaron a nadie ni cosa en alguna de ellas. Volviéronse a los navíos y alzaron velas a mediodía para ir a un cabo hermoso que quedaba al Leste, que habría hasta él ocho leguas. Habiendo andado media legua por la misma bahía, vio el Almirante a la parte del Sur un singularísimo puerto, y de la parte del Sueste unas tierras hermosas a maravilla, así como una vega montuosa dentro en estas montañas; y parecían grandes humos y grandes poblaciones en ella, y las tierras muy labradas; por lo cual determinó de se bajar a este puerto y probar si podía haber lengua o plática con ellos, el cual era tal que, si a los otros puertos había alabado, este dice que alababa más con las tierras y templanza y comarca de ellas y población. Dice maravillas de la lindeza de la tierra y de los árboles, donde hay pinos y palmas, y de la grande vega, que aunque no es llana de llano que va al Sursueste, pero es llana de montes llanos y bajos, la más hermosa cosa del mundo, y salen por ella muchas riberas de aguas que descienden de estas montañas. Después de surgida la nao, saltó el Almirante en la barca para sondar el puerto, que es como una escudilla; y cuando fue frontero de la boca al Sur halló una entrada de un río que tenía de anchura que podía entrar una galera por ella, y de tal manera que no se veía hasta que se llegase a ella, y, entrando por ella tanto como longura de la barca tenían cinco brazas y de ocho de hondo. Andando por ella fue cosa maravillosa, y las arboledas y frescuras, y el agua clarísima, y las aves y amenidad, que dice que le parecía que no quisiera salir de allí. Iba diciendo a los hombres que llevaba en su compañía que, para hacer relación a los Reyes de las cosas que veían, no bastarán mil lenguas a referirlo, ni su mano para lo escribir, que le parecían que estaba encantado. Deseaba que aquello vieran muchas otras personas prudentes y de crédito, de las cuales dice ser cierto que no encarecieran estas cosas menos que él. Dice más el Almirante aquí estas palabras: «*Cuánto será el beneficio que de aquí se pueda haber, yo no lo escribo. Es cierto, Señores Príncipes, que donde hay tales tierras que debe haber infinitas cosas de provecho, mas yo no me detengo en ningún puerto, porque querría ver todas las tierras que yo pudiese, para hacer relación de ellas a Vuestras Altezas; y también no sé la lengua, y la gente de estas tierras no me entienden, ni yo ni otro que yo tenga a ellos; y estos indios que yo traigo, muchas veces les entiendo una cosa por otra al contrario; ni fío mucho de ellos, porque muchas veces han probado a huir. Mas agora, placiendo a Nuestro Señor, veré lo más que yo pudiere, y poco a poco andaré entendiendo y conociendo y haré enseñar esta lengua a personas de mi casa, porque veo que es toda lengua una basta aquí. Y después se sabrán los beneficios y se trabajará de hacer todos estos pueblos cristianos, porque de ligero se hará, porque ellos no tienen secta ninguna ni son idólatras. Y Vuestras Altezas mandarán hacer en estas partes ciudad e fortaleza, y se convertirán estas tierras. Y certifico a Vuestras Altezas que debajo del sol no me parece que las pueda haber mejores en fertilidad, en temperancia de frío y calor, en abundancia de aguas buenas y sanas, y no como los ríos de Guinea, que son todos pestilencia, porque, loado Nuestro Señor, hasta hoy de toda mi gente no ha habido persona que le haya mal la cabeza ni estado en cama por dolencia, salvo un viejo de dolor de piedra, de que él estaba toda su vida apasionado, y luego sanó al cabo de dos días. Esto que digo es en todos los tres navíos. Así que placerá a Dios que Vuestras Altezas enviarán acá o vendrán hombres doctos, y verán después la verdad de todo. Y porque atrás tengo hablado del sitio de villa y fortaleza en el río de Mares, por el buen puerto y por la comarca, es cierto que todo es verdad lo que yo dije; mas no ha ninguna comparación de allá aquí, ni de la mar de Nuestra Señora, porque aquí debe haber* infra *la tierra grandes poblaciones y gente innumerable y cosas de grande provecho, porque aquí y en todo lo otro descubierto y tengo esperanza de descubrir antes que yo vaya a Castilla, digo que tendrá toda la cristiandad negociación en ellas, cuanto más la España, a quien debe estar sujeto todo. Y digo que Vuestras Altezas no deben consentir que aquí trate ni faga pie ningún extranjero, salvo católicos cristianos, pues esto fue el fin y el comienzo del propósito, que fuese por acrecentamiento y gloria de la religión cristiana, ni venir a estas partes ninguno que no sea buen cristiano».* Todas son sus palabras. Subió allí por el río arriba y halló unos brazos del río, y, rodeando el puerto, halló a la boca del río estaban unas arboledas muy graciosas, como una muy deleitable huerta; y allí halló una almadía o canoa hecha de un madero tan grande como una fusta de doce bancos, muy hermosa, varada

debajo de una atarazana o ramada hecha de madera y cubierta de grandes hojas de palma, por manera que ni el sol
ni el agua le podían hacer daño. Y dice que allí era el propio lugar para hacer una villa o ciudad y fortaleza por el
buen puerto, buenas aguas, buenas tierras, buenas comar-
cas y mucha leña.

Miércoles, 28 de noviembre

Estúvose en aquel puerto aquel día porque llovía y hacía gran cerrazón, aunque podía correr toda la costa con el
viento, que era Sudueste, y fuera a popa; pero porque no
pudiera ver bien la tierra, y no sabiéndola es peligroso a los
navíos, no se partió. Salieron a tierra la gente de los navíos a lavar su ropa. Entraron algunos de ellos un rato por
la tierra dentro. Hallaron grandes poblaciones y las casas
vacías, porque se habían huido todos. Tornáronse por otro
río abajo, mayor que aquel donde estaban en el puerto.

Jueves, 29 de noviembre

Porque llovía y el cielo estaba de la manera cerrado,
que ayer no se partió, llegaron algunos de los cristianos a
otra población cerca de la parte de Norueste, y no hallaron en las casas a nadie ni nada. Y en el camino toparon
con un viejo que no les pudo huir: tomáronle y dijéronle
que no le querían hacer mal, y diéronle algunas cosillas
del rescate y dejáronlo. El Almirante quisiera vello para
vestillo y tomar lengua de él, porque le contentaba mucho
la felicidad de aquella tierra y disposición que para poblar
en ella había, y juzgaba que debía de haber grandes poblaciones. Hallaron en una casa un pan de cera, que trujo

a los Reyes, y dice que adonde cera hay también debe haber otras mil cosas buenas. Hallaron también los marineros en casa una cabeza de hombre dentro en un cestillo cubierto con otro cestillo y colgado de un poste de la casa, y de la misma manera hallaron otra en otra población. Creyó el Almirante que debía ser de algunos principales del linaje, porque aquellas casas eran de manera que se acogen en ellas mucha gente en una sola, y deben ser parientes descendientes de uno solo.

Viernes, 30 de noviembre

No se pudo partir, porque el viento era Levante, muy contrario a su camino. Envió ocho hombres bien armados y con ellos dos indios de los que traía para que viesen aquellos pueblos de la tierra dentro y por haber lengua. Llegaron a muchas casas y no hallaron a nadie ni nada, que todos se habían huido. Vieron cuatro mancebos que estaban cavando en sus heredades; así como vieron los cristianos dieron a huir; no los pudieron alcanzar. Anduvieron diz que mucho camino. Vieron muchas poblaciones y tierra fertilísima, y toda labrada, y grandes riberas de agua, y cerca de una vieron una almadía o canoa de noventa y cinco palmos de longura de un solo madero, muy hermosa y que en ella cabrían y navegarían ciento cincuenta personas.

Sábado, 1 de diciembre

No se partió por la misma causa del viento contrario y porque llovía mucho. Asentó una cruz grande a la entrada de aquel puerto, que creo llamó el Puerto Santo, sobre unas peñas vivas. La punta es aquella que está de la parte del Sueste, a la entrada del puerto, y quien hubiere de entrar en este puerto se debe llegar más sobre la parte del Norueste de aquella punta que sobre la otra del Sueste, puesto que al pie de ambas, junto con la peña, hay doce brazas de hondo y muy limpio. Mas a la entrada del puerto, sobre la punta del Sueste, hay una baja que sobreagua, la cual dista de la punta tanto que se podría pasar entremedias, habiendo necesidad, porque al pie de la baja y del cabo todo es fondo de doce y de quince brazas, y a la entrada se ha de poner la proa al Sudueste.

Domingo, 2 de diciembre

Todavía fue contrario el viento y no pudo partir. Dice que todas las noches el mundo vienta terral y que todas las naos que allí estuvieren no hayan miedo de toda la tormenta del mundo, porque no puede recalar dentro por una baja que está al principio del puerto, etc. En la boca de aquel río diz que halló un grumete ciertas piedras que parecen tener oro. Trújolas para mostrar a los Reyes. Dice que hay por allí, a tiro de lombarda, grandes ríos.

Lunes, 3 de diciembre

Por causa de que hacía siempre tiempo contrario no partía de aquel puerto, y acordó de ir a ver un cabo muy hermoso un cuarto de legua del puerto de la parte de Sueste. Fue con las barcas y alguna gente armada; al pie del cabo había una boca de un buen río, puesta la proa al Sueste para entrar, y tenía cien pasos de anchura; tenían una braza de fondo a la entrada o en la boca, pero dentro había doce brazas y cinco y cuatro y dos, y cabrían en él cuantos navíos hay en España. Dejando un brazo de aquel río fue al Sueste y halló una caleta, en que vido cinco muy grandes almadías que los indios llaman canoas, como fustas, muy hermosas y labradas, que eran, diz que era placer vellas, y el pie del monte vido todo labrado. Estaban debajo de árboles muy espesos, y yendo por un camino que salía a ellas, fueron a dar a una atarazana muy bien ordenada y cubierta, que ni sol ni agua no les podía hacer daño, y debajo de ella había otra canoa hecha de un madero como las otras, como una fusta de diez [y] siete bancos, que era placer ver las labores que tenía y su hermosura. Subió una montaña arriba y después hallola toda llana y sembrada de muchas cosas de la tierra y calabazas, que era gloria verla; y en medio de ella estaba una gran población; dio de súbito sobre la gente del pueblo, y como los vieron, hombre y mujeres dan de huir. Aseguroles el indio que llevaba consigo de los que traía, diciendo que no hubiesen miedo, que gente buena era. Hízolos dar el Almirante cascabeles y sortijas de latón y contezuelas de vidrio verdes y amarillas, con que fueron muy contentos. Visto que no tenían oro ni otra cosa preciosa y que bastaba dejarlos seguros, y que toda la comarca era poblada y huidos los demás de miedo (y certifica el Almirante a los Reyes que diez hombres hagan huir a diez mil; tan cobardes y medrosos son, que ni traen armas, salvo unas varas y en el cabo de ellas un palillo agudo tostado), acordó volverse. Dice que las varas se las quitó todas con buena maña, rescatándoselas, de manera que todas las dieron. Tornados adonde habían dejado las barcas, envió ciertos cristianos al lugar por donde subieron, porque le había parecido que había visto un gran colmenar. Antes que viniesen lo que había enviado, ayuntáronse muchos indios y vinieron a las barcas, donde ya se había el Almirante recogido con su gente toda. Uno de ellos se adelantó en el río junto con la popa de la barca e hizo una grande plática que el Almirante no entendía, salvo que los otros indios de cuando en cuando alzaban las manos al cielo y daban una grande voz. Pensaba el Almirante que lo aseguraban y que les placía su venida, pero vido al indio que consigo traía demudarse la cara y amarillo como la cera, y temblaba mucho, diciendo por señas que el Almirante se fuese del río, que los querían matar, y llegose a un cristiano que tenían una ballesta armada y mostrola a los indios; y entendió el Almirante que les decía que los matarían a todos, porque aquella ballesta tiraba lejos y mataba. También tomó una espada y la sacó de la vaina, mostrándosela, diciendo lo mismo. Lo cual, oído por ellos, dieron todos a huir, quedando todavía temblando el dicho indio de cobardía y poco corazón, y era hombre de buena estatura y recio. No quiso el Almirante salir del río, antes hizo remar en tierra hacia donde ellos estaban, que eran muy muchos, todos teñidos de colorado y desnudos como sus madres les parió, y algunos de ellos con penachos en la cabeza y otras plumas, todos con sus manojos de azagayas. *«Llegueme a ellos y diles algunos bocados de pan y demandeles las azagayas, y dábales por ellas a unos un cascabelito, a otros una sortija de latón, a otros unas contezuelas, por manera que todos se apaciguaron y vinieron todos a las barcas y daban cuanto tenían por quequiera que les daban. Los marineros habían muerto una tortuga, y la cáscara estaba en la barca en pedazos, y los grumetes dábanles de ella como la uña, y los indios les daba un manojo de azagayas. Ellos son gente como los otros que he hallado —dice el Almirante—, y de la misma creencia, y creían que veníamos del cielo, y de lo que tienen luego lo dan por cualquier cosa que les den, sin decir que es poco, y creo que así harían de especería y de oro si lo tuviesen. Vide una casa hermosa no muy grande y de dos puertas, porque así son todas, y entré en ella y vide una obra maravillosa, como cámaras hechas por una cierta manera que no lo sabría decir, y colgado al cielo de ella, caracoles y otras cosas. Yo pensé que era templo, y los llamé y dije por señas si hacían en ella oración; dijeron que no, y subió uno de ellos arriba, y me daba todo cuanto allí había, y de ello tomé algo.»*

Martes, 4 de diciembre

Hízose a la vela con poco viento y salió de aquel puerto que nombró Puerto Santo. A las dos leguas vido un buen río de que ayer habló. Fue de luengo de costa, y corríase toda la tierra, pasado el dicho cabo, Lesueste y Ouesnoroeste hasta el Cabo Lindo, que está al cabo del Monte al Leste cuarta del Sueste, y hay de uno a otro cinco leguas. Del Cabo del Monte a legua y media hay un gran río algo angosto. Pareció que tenía buena entrada y era muy hondo. Y de allí a tres cuartos de legua vido otro grandísimo río, y debe venir de muy lejos. En la boca tenían bien cien pasos y en ella ningún banco, y en la boca ocho brazas y buena entrada, porque lo envió a ver y sondar con la barca; y viene el agua dulce hasta dentro en la mar, y es de los caudalosos que había hallado y debe haber grandes poblaciones. Después del Cabo Lindo hay una grande bahía que sería buen pozo por Lesnordeste y Sueste y Sursudueste.

Miércoles, 5 de diciembre

Toda esta noche anduvo a la corda sobre el cabo Lindo, adonde anocheció, por ver la tierra que iba al Leste, y al salir del sol vido otro cabo al Leste, a dos leguas y media. Pasado aquel, vido que la costa volvía al Sur y tomaba Sudueste, y vido luego un cabo muy hermoso y alto [110] a la dicha derrota, y distaba de este otro siete leguas. Quisiera ir allá, pero por el deseo que tenían de ir a la isla de Baneque, que le quedaba, según decían los indios que llevaba, al Nordeste, lo dejó. Tampoco pudo ir al Baneque, porque el viento que llevaba era Nordeste. Yendo así, miró al Sueste y vido tierra y era una isla muy grande, de la cual ya tenía diz que información de los indios, a que llamaban ellos Bohío [111], poblada de gente. De esta gente dice que los de Cuba o Juana y de todas esotras islas tienen gran miedo, porque diz que comían los hombres. Otras cosas le contaban los dichos indios, por señas, muy maravillosas; mas el Almirante no diz que las creía, sino que debían tener más astucia y mejor ingenio que los de aquella isla Bohío para los cautivar que ellos, porque eran muy flacos de corazón. Así que porque el tiempo era Nordeste y tomaba del Norte, determino de dejar a Cuba o Juana, que hasta entonces había tenido por tierra firme por su grandeza, porque bien habría andado en un paraje ciento y veinte leguas, y partió al Sueste cuarta del Leste. Puesto que la tierra que él había visto se hacía al Sueste, daba este resguardo [112], porque siempre el viento rodea del Norte para el Nordeste y de allí al Leste y Sueste. Cargó mucho el viento y llevaba todas sus velas, la mar llana y la corriente que le ayudaba,

---

[110] Lo llamó *Cabo Alfa y Omega* para indicar que era principio y fin del continente euroasiático. Aunque no aparece en el *Diario,* queda señalado así por Las Casas y Hernando. Corresponde a la punta de Maicí, que queda separada de Haití o isla Española por unas 15-18 leguas de mar.

[111] A esta isla de Bohío o Haití, que sufría igual que las demás las incursiones caribes, la denominará el 9 de diciembre isla Española.

[112] Cuidado, vigilancia, prevención.

por manera que hasta la una después de mediodía desde la mañana hacía de camino ocho millas por hora, y eran seis horas aún no cumplidas, porque dicen que allí eran las noches cerca de quince horas. Después anduvo diez millas por hora, y así andaría hasta el poner del sol unas 88 millas, que son 22 leguas, todo al Sueste. Y porque se hacía de noche, mandó a la carabela *Niña* que se adelantase para ver con día el puerto, porque era velera; y llegando a la boca del puerto, que era como la bahía de Cádiz, y porque era ya de noche, envió a su barca que sondase el puerto, la cual llevó lumbre de candela; y antes que el Almirante llegase adonde la carabela estaba barloventeando y esperando que la barca le hiciese señas para entrar en el puerto, apagósele la lumbre a la barca. La carabela, como no vido lumbre, corrió de largo y hizo lumbre al Almirante, y, llegado a ella, contaron lo que había acaecido. Estando en esto, los de la barca hicieron otra lumbre: la carabela fue a ella, y el Almirante no pudo, y estuvo toda aquella noche barloventeando.

Jueves, 6 de diciembre

Cuando amaneció se halló cuatro leguas del puerto. Púsole nombre Puerto María [113], y vido un cabo hermoso y al Sur cuarta del Sudueste, al cual puso nombre Cabo de Estrella, y pareciole que era la postrera tierra de aquella isla hacia el Sur, y estaría el Almirante de él veintiocho millas. Pareciole otra tierra como isla [114] no grande al Leste,

---

[113] Es el mismo Puerto de San Nicolás que aparece líneas más abajo.

[114] La isla de la Tortuga. Este nombre no ha cambiado desde que se lo asignara Colón.

y estaría de él cuarenta milla. Quedábale otro cabo muy hermoso y bien hecho, a quien puso nombre Cabo del Elefante, al Leste cuarta del Sueste, y distaba ya 54 millas. Quedábale otro cabo al Lessueste, al que puso nombre el Cabo de Cinquin; estaría de él veintiocho millas. Quedábale una gran escisura o abertura o abra a la mar, que le pareció ser río, al Sueste, y tomaba de la cuarta del Leste, habría de él a la abra veinte millas. Parecíole que entre el Cabo del Elefante del de Cinquin habría una grandísima entrada, y algunos de los marineros decían que eran apartamiento de la isla; a aquella puso por nombre la isla de la Tortuga. Aquella isla grande parecía altísima tierra, no cerrada con montes, sino rasa como hermosas campiñas, y parece toda labrada o grande parte de ella, y parecían las sementeras como trigo en el mes de mayo en la campiña de Córdoba. Viéronse muchos fuegos aquella noche, y de día muchos humos como atalayas, que parecía estar sobre aviso de alguna gente con quien tuviesen guerra. Toda la costa de esta tierra va al Leste. A horas de vísperas entró en el puerto dicho, y púsole nombre Puerto de San Nicolás, porque era día de San Nicolás, por honra suya, y a la entrada de él se maravilló de su hermosura y bondad. Y aunque tiene mucho alabados los puertos de Cuba, pero sin duda dice él que no es menos este, antes los sobrepuja y ninguno le es semejante. En boca y entrada tiene legua y media de ancho, y se pone la proa al Sursueste, puesto que por la grande anchura se puede poner la proa adonde quisieren. Va de esta manera al Sursueste dos leguas, y a la entrada de él, por la parte del Sur, se hace como un angla, y de allí se sigue así igual hasta el cabo, adonde está una playa muy hermosa y un campo de árboles de mil maneras y todos cargados de frutas, que creía el Almirante ser de especerías y nueces moscadas, sino que no estaban maduras y no se conocían, y un río en medio de la playa. El hondo de este puerto es maravilloso, que hasta llegar a la tierra es longura de una [nao] [115] no llegó la sondaresca o plomada [116] al fondo con cuarenta brazas, y hay hasta esta longura el hondo de quince brazas y muy limpio; y así es todo el dicho puerto de cada cabo, hondo dentro una pasada de tierra de 15 brazas, y limpio; y de esta manera es toda la costa, muy hondable y limpia, que no parece una sola baja, y al pie de ella, tanto como longura de un remo de barca de tierra, tiene cinco brazas, y después de la longura del dicho puerto, yendo al Sursueste, en la cual longura pueden barloventear mil carracas; bojó [117] un brazo del puerto al Nordeste por la tierra dentro una grande media lengua, y siempre en una misma anchura, como que lo hicieran por un cordel; el cual queda de manera que estando en aquel brazo, que será de anchura de veinticinco pasos, no se puede ver la boca en la entrada grande, de manera que queda puerto cerrado, y el fondo de este brazo es así en el comienzo hasta el fin de once brazas, y todo basa o arena limpia, y hasta tierra y poner los bordos en las hierbas tiene ocho brazas. Es todo el puerto muy airoso y desabahado de árboles, raso. Toda esta isla le pareció de más peñas que ninguna otra que haya hallado. Los árboles más pequeños, y muchos de ellos de la naturaleza de España, como carrascos y madroños y otros, y lo mismo de las hierbas. Es tierra muy alta, y toda campiña o rasa y de muy buenos aires, y no se ha visto tanto frío como allí, aunque no es de contar por frío, mas díjolo al respecto de las otras tierras. Hacia enfrente de aquel puerto una hermosa vega

---

[115] En blanco en el texto original.
[116] Sonda para medir la profundidad. Sondaresa es palabra lusa, mientras que plomada es castellana.
[117] Rodear.

y en medio de ella el río susodicho; y en aquella comarca, dice, debe haber grandes poblaciones, según se veían las almadías con que navegan, tantas y tan grandes, de ellas como una fusta de quince bancos. Todos los indios huyeron y huían como veían los navíos. Los que consigo de las isletas traía tenían tanta gana de ir a su tierra que pensaba, dice el Almirante, que, después que se partiese de allí, los tenía de llevar a sus casas, y que ya lo tenían por sospechoso, porque no lleva el camino de su casa, por lo cual dice que ni les creía lo que le decían, ni los entendía bien, ni ellos a él, y diz que habían el mayor miedo del mundo de la gente de aquella isla, así que, por querer haber lengua con la gente de aquella isla, le fuera necesario detenerse algunos días en aquel puerto, pero no lo hacía por ver mucha tierra, y por dudar que el tiempo le duraría. Esperaba en Nuestro Señor que los indios que traía sabrían su lengua y él la suya, y después tornaría, y hablará con aquella gente, y placerá a su Magestad, dice él, que hallará algún buen rescate de oro antes que vuelva.

Viernes, 7 de diciembre

Al rendir del cuarto del alba, dio las velas y salió de aquel puerto de San Nicolás y navegó con el viento Sudueste al Nordeste dos leguas hasta un cabo que hace el Cheranero [118], y quedábale al Sueste un angla y el Cabo de la Estrella al Sudueste, y distaba del Almirante veinticuatro millas. De allí navegó al Leste, luengo de costa hasta el Cabo Cinquin, que sería 48 millas; verdad es que las veinte fueron del Leste cuarta del Nordeste. Y aquella costa es tierra toda muy alta y muy grande fondo; hasta

---

[118] Parece que es el actual Carenero o Carénage.

dar en tierra es de veinte y treinta brazas, y fuera tanto como un tiro de lombarda no se halla fondo, lo cual todo lo probó el Almirante aquel día por la costa, mucho a su placer con el viento Sudueste. El angla que arriba dijo llega diz que al Puerto de San Nicolás tanto como tiro de una lombarda, que si aquel espacio no se atajase o cortase quedaría hecha isla, lo demás bojaría en el cerco treinta y cuatro millas. Toda aquella tierra era muy alta y no de árboles grandes, sino como carracas y madroños, propia, diz, que tierra de Castilla. Antes que llegase al dicho Cabo Cinquin con dos leguas, halló una agrezuela como la abertura de una montaña, por la cual descubrió un valle grandísimo, y vídolo todo sembrado como cebadas, y sintió que debía de haber en aquel valle grandes poblaciones, y a las espaldas de él había grandes montañas y muy altas. Y cuando llegó al Cabo Cinquin, le demoraba el cabo de la isla Tortuga al Nordeste, y habría treinta y dos millas; y sobre este Cabo Cinquin, a tiro de una lombarda, está una peña en la mar que sale en alto que se puede ver bien. Y estando el Almirante sobre el dicho Cabo, le demoraba el Cano del Elefante al Leste, cuarta del Sueste, y habría hasta él setenta millas, y toda tierra muy alta. Y a cabo de seis leguas, halló una grande angla, y vido por la tierra dentro muy grandes valles y campiñas y montañas altísimas, todo a semejanza de Castilla. Y dende a ocho millas halló un río muy hondo, sino que era angosto, aunque bien pudiera entrar en él una carraca, y la boca toda limpia, sin banco ni bajas. Y dende a diez y seis millas, halló un puerto muy ancho y muy hondo, hasta no hallar fondo en la entrada ni a las bordas a tres pasos, salvo quince brazas, y va dentro un cuarto de legua. Y puesto que fuese aún muy temprano, como la una después del medio día, y el viento era a popa y recio, pero porque el cielo mostraba querer llover mucho y había gran cerrazón, que es peligrosa aún para la tierra que se sabe, cuanto más en la que no se sabe, acordó de entrar en el puerto, al cual llamó Puerto de la Concepción. Y salió a tierra en un río no muy grande que está al cabo del puerto, que viene por unas vegas y campiñas que era una maravilla ver su hermosura. Llevó redes para pescar, y antes que llegase a tierra saltó una lisa como las de España propia en la barca, que hasta entonces no había visto pez que pareciese a los de Castilla. Los marineros pescaron y mataron otras, y lenguados y otros peces como los de Castilla. Anduvo un poco por aquella tierra, que es toda labrada, y oyó cantar el ruiseñor y otros pajaritos como los de Castilla. Vieron cinco hombres, mas no les quisieron aguardar, sino huir. Halló arrayán y otros árboles y hierbas como los de Castilla, y así es la tierra y las montañas.

Sábado, 8 de diciembre

Allí en aquel puerto es llovió mucho con viento Norte muy recio. El puerto es seguro de todos los vientos excepto Norte, puesto que no le puede hacer daño alguno, porque la resaca, es grande que no da lugar a que la nao labore sobre las amarras ni el gua del río. Después de media noche se tornó el viento al Nordeste y después al Leste, de los cuales vientos es aquel puerto bien abrigado por la isla de la Tortuga, que está frontera a treinta y seis millas.

Domingo, 9 de diciembre

Este día llovió e hizo tiempo de invierno como en Castilla por octubre. No había visto población, sino una casa

muy hermosa en el puerto de San Nicolás, y mejor hecha
que en otras partes de las que había visto. La isla es muy
grande, y dice el Almirante no será mucho que boje dos-
cientas leguas. Ha visto que es toda muy labrada; creerá
que debían ser las poblaciones lejos de la mar, de donde
ven cuándo llegaba, y así huían todos y llevaban consigo
todo lo que tenían y hacían ahumadas como gente de guerra. Este puerto tiene en la boca mil pasos, que es un
cuarto de legua; en ella ni hay banco ni baja, antes no se
halla cuasi fondo hasta en tierra a la orilla del mar, y hacia dentro en luengo, va de tres mil pasos todo limpio y
base que cualquiera nao puede surgir en él sin miedo y entrar sin resguardo; al cabo de él tiene dos bocas de ríos
que traen poca agua; enfrente de él hay unas vegas las
más hermosas del mundo y cuasi semejables a las tierras
de Castilla, antes estas tienen ventaja, por lo cual puso
nombre a la dicha isla la Isla Española.

Lunes, 10 de diciembre

Ventó mucho el Nordeste, y hízole garrar las anclas [119]
medio cable, de que se maravilló el Almirante, y echolo a
que las anclas estaban mucho a tierra y venía sobre ella el
viento. Y visto que era contrario para ir donde pretendía,
envió seis hombres bien aderezados de armas a tierra, que
fuesen dos o tres leguas dentro en la tierra para ver si pudieran haber lengua. Fueron y volvieron no habiendo hallado gente ni casas; hallaron, empero, unas cabañas y caminos muy anchos y lugares donde habían hecho lumbre
muchos; vieron las mejores tierras del mundo y hallaron

---

[119] Ir hacia atrás arrastrando el ancla que se ha sujetado mal o se ha
soltado.

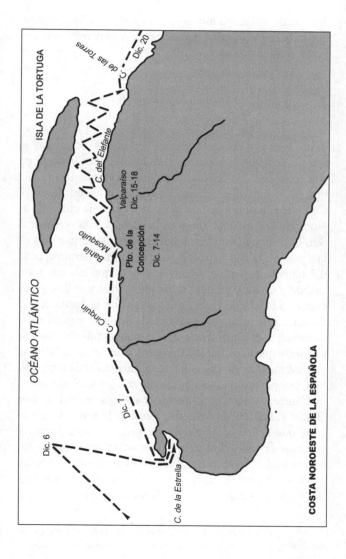

ISLA DE LA TORTUGA

OCÉANO ATLÁNTICO

C. de las Torres

Dic. 20

C. del Elefante

Valparaíso
Dic. 15-18

Bahía Mosquito

Pto. de la Concepción
Dic. 7-14

C. Cinquin

Dic. 7

Dic. 6

C. de la Estrella

COSTA NOROESTE DE LA ESPAÑOLA

árboles de almáciga muchos, y trujeron de ella y dijeron que había mucha, salvo que no es agora el tiempo para cogerla, porque no cuaja.

Martes, 11 de diciembre

No partió por el viento, que todavía era Leste y Nordeste. Frontero de aquel puerto, como está dicho, está la isla de la Tortuga, y parece grande isla, y va la costa de ella cuasi como la Española, y puede haber de la una a la otra, a lo más diez leguas, conviene, a saber, desde el Cabo de Cinquin a la cabeza de la tortuga; la cual está al Norte de la Española; después la costa de ella se corre al Sur. Dice que quería ver aquel entremedio destas dos islas, por ver la isla Española, que es la más hermosa cosa del mundo, y porque, según le decían que era isla muy grande y de muy grandes montañas y ríos y valles, y decían que la isla de Bohío era mayor que la Juana, a que llaman Cuba, y que no está cercada de agua, y parece dar a entender ser tierra firme, que es aquí detrás de esta Española, a que ellos llaman Caritaba, y que es cosa infinita, y cuasi traen razón que ellos sean trabajados de gente astuta, porque todas estas islas viven con gran miedo de los de Caniba, *«y así torno a decir como otras veces dije,* dice él, *que Caniba* [120] *no es otra cosa sino la gente del Gran Can, que debe ser aquí muy vecinos; y tendrá navíos y vendrán a cautivarlos, y como no vuelven creen que se los han comido. Cada día entendemos más a estos indios y ellos a nosotros, puestos que muchas veces hayan entendido uno por otro»,* dice el Almirante. Envió gente a

---

[120] Su obsesión por el Gran Khan le permitiría reafirmarse en sus viejas ideas cuando oía palabras de sonido ligeramente aproximado.

tierra. Hallaron mucha almáciga sin cuajarse; dice que las aguas lo deben hacer, y que en Xío la cogen por marzo, y que en enero la cogerían en aquestas tierras, por ser tan templadas. Pescaron muchos pescados como los de Castilla: albures, salmones, pijotas, gallos, pámpanos, lisas, corbinas, camarones, y vieron sardinas. Hallaron mucho lignáloe.

Miércoles, 12 de diciembre

No partió aqueste día por la misma causa del viento contrario dicha. Puso una gran cruz a la entrada del puerto de la parte del Oueste en un alto muy vistoso, *«en señal, dice él, que Vuestras Altezas tienen la tierra por suya, y principalmente por señal de Jesucristo Nuestro Señor y honra de la Cristiandad»;* la cual puesta, tres marineros metiéronse por el monte a ver los árboles y hierbas; y oyeron un gran golpe de gente, todos desnudos como los de atrás, a los cuales llamaron e fueron tras ellos, pero dieron los indios a huir. Y, finalmente, tomaron una mujer, que no pudieron más, *«porque yo,* él dice, *les había mandado que tomasen algunos para honrallos y haceller perder el miedo y se hobiese alguna cosa de provecho, como no parecer poder ser otra cosa, según la hermosura de la tierra; y así trujeron la mujer, muy moza y hermosa, a la nao, y habló con aquellos indios, porque todos tenían una lengua».* Hízola el Almirante vestir y diole cuentas de vidrio y cascabeles y sortijas de latón, y tornola enviar a tierra muy honradamente según su costumbre, y envió algunas personas de la nao con ella, y tres de los indios que llevaba consigo, porque hablasen con aquella gente. Los marineros que iban en la barca, cuando la llevaban a tierra, dijeron al Almirante que ya no quisiera salir de la nao, sino quedarse con las otras mujeres indias que había hecho tomar en el puerto de Mares de la isla Juana de Cuba. Todos estos indios que venían con aquella india dice que venían en una canoa, que es su carabela en que navegan de algun parte, y cuando asomaron a la entrada del puerto y vieron los navíos, volviéronse atrás y dejaron la canoa por allí en algún lugar y fuéronse camino de su población. Ella mostraba el paraje de la población. Traía esta mujer un pedacito de oro en la nariz, que era señal que había en aquella isla oro.

Jueves, 13 de diciembre

Volviéronse los tres hombres que había enviado el Almirante con la mujer a tres horas de la noche, y no fueron con ella hasta la población, porque les pareció lejos, o porque tuvieron miedo. Dijeron que otro día vendrían mucha gente a los navíos, porque ya debían de estar asegurados por las nuevas que daría la mujer. El Almirante, con deseo de saber si habían alguna cosa de provecho en aquella tierra y por haber alguna lengua con aquella gente, por ser la tierra tan hermosa y fértil, y tomasen gana de servir a los Reyes, determinó de tornar a enviar a la población, confiando en las nuevas que la india habría dado de los cristianos ser buena gente, para lo cual escogió nueve hombres bien aderezados de armas y aptos para semejante negocio, con los cuales fue un indio de los que traía. Estos fueron a la población que estaba a cuatro leguas y media al Sueste, la cual hallaron en un grandísimo valle, y vacía, porque como sintieron ir los cristianos todos huyeron dejando cuanto tenían la tierra dentro. La población era de mil casas y de más de tres mil hombres. El indio que llevaban los cristianos corrió tras ellos dando voces, diciendo que no hubiesen miedo, que los cristianos no eran de Caniba, mas antes eran del cielo, y que daban muchas cosas hermosas a todos los que hallaban. Tanto les imprimió lo que decía, que se aseguraron y vinieron juntos de ellos más de dos mil, y todos venían a los cristianos y les ponían las manos sobre la cabeza, que era señal de gran reverencia y amistad, los cuales estaban todos temblando hasta que mucho los aseguraron. Dijeron los cristianos que, después que ya estaban sin temor, iban todos a sus casas y cada uno les traía de lo que tenía de comer, que es pan de niamas, que son unas raíces como rábanos grandes que nacen, que siembran y nacen y plantan en todas estas tierras, y es su vida, y hacen de ellas pan y cuecen y asan y tienen sabor propio de castañas, y no hay quien no crea que no sean castañas. Dábanles pan y pescados y de lo que tenían. Y porque los indios que traía en el navío tenían entendido que el Almirante deseaba tener algún papagayo, parece que aquel indio que iba con los cristianos díjoles algo de esto, y así les trujeron papagayos y les daban cuanto les pedían, sin querer nada por ello. Rogábanles que no se viniesen aquella noche y que les darían cras [121] muchas cosas que tenían en la sierra. Al tiempo que toda aquella gente estaba junta con los cristianos, vieron venir una gran batalla o multitud de gente con el marido de la mujer que había el Almirante honrado y enviado, la cual traían caballera sobre sus hombros y venían a dar gracias a los cristianos por la honra que el Almirante le había hecho y dádivas que le había dado. Dijeron los cristianos al Almirante que era toda gente más hermosa y de mejor condición que ninguna otra de las que habían hasta allí hallado; pero dice el Almirante que no sabe cómo puedan ser de mejor condición que las otras, dando a entender que todas las que ha-

---

[121] Cras: mañana.

bían en las otras islas hallado eran de muy buena condición. Cuanto a la hermosura, decían los cristianos que no
había comparación, así en los hombres como en las mujeres, y que son blancos más que los otros, y que entre los
otros vieron dos mujeres mozas tan blancas como podían
ser en España. Dijeron también de la hermosura de las tierras que vieron, que ninguna comparación tienen las de
Castilla, las mejores en hermosura y en bondad, y el Almirante así lo veía por las que ha visto y por las que tenía
presentes, y decíanle que las que veía ninguna comparación tenían con aquellas de aquel valle, ni la campiña de
Córdoba llegaba a aquella con tanta diferencia como tiene
el día de la noche. Decían que todas aquellas tierras estaban labradas y que por medio de aquel valle pasaba un río
muy ancho y grande que podía regar todas las tierras. Estaban todos los árboles verdes y llenos de fruta, y las hierbas todas floridas y muy altas; los caminos muy anchos y
buenos; los aires eran como en abril en Castilla; cantaba
el ruiseñor y otros pajaritos como en el dicho mes en España, que dicen que era la mayor dulzura del mundo; las
noches cantaban algunos pajaritos suavemente; los grillos
y ranas se oían muchas; los pescados, como en España.
Vieron muchos almácigos y lignáloe y algodonales; oro
no hallaron, y no es maravilla en tan poco tiempo no se
halle. Tomó aquí el Almirante experiencia de qué horas era
el día y la noche, y del sol a sol halló que pasaron veinte
ampolletas [122], que son de a media hora, aunque dice que
allí puede haber defecto, porque o no la vuelven tan presto
o deja de pasar algo. Dice también que halló por el cuadrante que estaba de la línea equinocial 34 grados [123]

---

[122] Reloj de arena.
[123] La latitud real es de 19° 35'. Es la única observación de altura
registrada en Haití.

Viernes, 14 de diciembre

Salió de aquel puerto de la Concepción con terral, y luego desde a poco calmó, y así lo experimentó cada día de los que por allí estuvo. Después vino viento Levante; navegó con él al Nornordeste; llegó a la isla de la Tortuga; vido una punta de ella que llamó la Punta Pierna, que estaba al Lesnordeste de la cabeza de la isla, y habría 12 millas; y de allí descubrió otra punta que llamó la Punta Lanzada, en la misma derrota del Nordeste, que habría diez y seis millas. Y así, desde la cabeza de la Tortuga hasta la Punta Aguda, habría cuarenta y cuatro millas, que son once leguas al Lesnordeste. En aquel camino había algunos pedazos de playa grandes. Esta isla de la Tortuga es tierra muy alta, pero no montañosa, y es muy hermosa y muy poblada de gente como la de la isla Española, y la tierra así toda labrada, que parecía ver la campiña de Córdoba. Visto que el viento le era contrario y no podía ir a la isla Baneque, acordó tornarse al Puerto de la Concepción, de donde había salido, y no pudo cobrar un río que está de la parte del Leste del dicho puerto dos leguas.

Sábado, 15 de diciembre

Salió del puerto de la Concepción otra vez para su camino, pero en saliendo del puerto, ventó Leste recio su contrario, y tomó la vuelta de la Tortuga hasta ella; y de allí dio vuelta para ver aquel río que ayer quisiera ver y tomar y no pudo, y de esta vuelta tampoco lo pudo tomar, aunque surgió media legua de sotavento en una playa, buen surgidero y limpio. Amarrados sus navíos, fue con las barcas a ver el río, y entró por un brazo de mar que está antes de media legua, y no era la boca. Volvió y halló la boca que no tenían aún una braza, y venía muy recio; entró con las barcas por él, para llegar a las poblaciones que los que antier había enviado habían visto, y mandó echar la sirga en tierra; y tirando los marineros de ella, subieron las barcas dos tiros de lombarda, y no pudo andar más por la reciura de la corriente del río. Vido algunas casas y el valle grande donde están las poblaciones, y dijo que otra cosa más hermosa no había visto, por medio del cual valle viene aquel río. Vido también gente a la entrada del río, mas todos dieron a huir. Dice más, que aquella gente debe ser muy cazada, pues viven con tanto temor, porque en llegando que llegan a cualquiera parte, luego hacen ahumadas de las atalayas por toda la tierra, y esto más en esta isla Española y en la Tortuga, que también es grande isla, que en las otras que atrás dejaba. Puso nombre al valle Valle del Paraíso, y al río Guadalquivir, porque diz que así viene tan grande como Guadalquivir por Córdoba, y a las veras o riberas de él, playa de piedras muy hermosas y todo andable.

Domingo, 16 de diciembre

A la media noche, con el ventezuelo de tierra, dio las velas por salir de aquel golfo, y vinieron del bordo de la isla Española yendo a la bolina, porque luego a hora de tercia ventó Leste, a medio golfo halló una canoa con un indio solo en ella, de que se maravillaba el Almirante cómo se podía tener sobre el agua siendo el viento grande. Hízolo meter en la nao a él y a su canoa, y halagado, diole cuentas de vidrio, cascabeles y sortijas de latón, y llevole en la nao hasta tierra a una población que estaba a diez y seis millas junto a la mar, donde surgió el Almirante y halló buen surgidero en la playa junto a la población, que parecía ser de nuevo hecha, porque todas las casas eran nuevas. El indio fuese luego con su canoa a tierra y da nuevas del Almirante y de los cristianos ser gente buena, puesto que ya las tenían por lo pasado de las otras donde habían ido los seis cristianos; y luego vinieron más de quinientos hombres, y desde a poco vino el rey de ellos, todos en la playa junto a los navíos, porque estaban surgidos muy cerca de tierra. Luego uno a uno y muchos a muchos venían a la nao sin traer consigo cosa alguna, puesto que algunos traían algunos granos de oro finísimo a las orejas o en la nariz, el cual luego daban de buena gana. Mandó hacer honra a todos el Almirante, y dice él, *«porque son la mejor gente del mundo y más mansa; y sobre todo, dice él, que tengo mucha esperanza en Nuestro Señor que Vuestras Altezas los harán todos cristianos, y serán todos suyos, que por suyos los tengo».* Vido también que el dicho rey estaba en la playa, y que todos le hacían acatamiento. Enviole un presente el Almirante, el cual diz que recibió con mucho estado, y que será mozo de hasta veintiún años, y que tenía un ayo viejo y otros consejeros que le aconsejaban y respondían, y que él hablaba muy pocas palabras. Uno de los indios que traía el Almirante habló con él, y le dijo que cómo venían los cristianos del cielo, y que andaba en busca de oro y que quería ir a la isla de Baneque, y él respondió que bien era, y que en la dicha isla había mucho oro; el cual mostró al alguacil del Almirante, que le llevó el presente, el camino que habían de llevar, y que en dos días iría de allí a ella, y que si de su tierra habían menester algo lo daría de muy buena voluntad. Este rey y todos los otros andaban desnudos como sus madres los parieron, y así las mujeres sin algún empacho, y son los más hermosos hombres y mujeres que hasta allí hubieron hallado: harto blancos, que si vestidos anduviesen y se guardasen del sol y del aire, serían cuasi tan blancos como

en España, porque esta tierra es harto fría y la mejor que
lengua pueda decir. Es muy alta, y sobre el mayor monte
podrían arar bueyes, y hecha toda a campiñas y valles. En
toda Castilla no hay tierra que se pueda comparar a ella
en hermosura y bondad. Toda esta isla y la de la Tortuga
son todas labradas como la campiña de Córdoba. Tienen
sembrado en ellas ajes, que son unos ramillos que plantan, y al pie de ellos nacen unas raíces como zanahorias,
que sirven por pan, y rallan y amasan y hacen pan de ellas,
y después tornan a plantar el mismo ramillo en otra parte
y tornan a dar cuatro y cinco de aquellas raíces que son
muy sabrosas: propio gusto de castañas. Aquí hay las más
gordas y buenas que había visto en ninguna [tierra] porque también diz que de aquellas había en Guinea; las de
aquel lugar eran tan gordas como la pierna, y aquella gente
todos diz que eran gordos y valientes y no flacos, como
los otros que antes había hallado, y de muy dulce conversación, sin secta. Y los árboles de allí diz que eran tan vi-
ciosos que las hojas dejaban de ser verdes y eran prietas
de verduras. Era cosa de maravilla ver aquellos valles y
los ríos y buenas aguas y las tierras para pan, para ganado
de toda suerte, de que ellos no tienen alguna, para huertas
y para todas las cosas del mundo que el hombre sepa pedir. Después a la tarde vino el rey a la nao. El Almirante
le hizo la honra que debía y le hizo decir cómo era de los
Reyes de Castilla, los cuales eran los mayores príncipes
del mundo. Mas ni los indios que el Almirante traía, que
eran los intérpretes, creían nada, ni el rey tampoco, sino
creían que venían del cielo, y que los reinos de los Reyes
de Castilla eran en el cielo y no en este mundo. Pusiéronle de
comer al rey de las cosas de Castilla y él comía un bo-
cado y después dábalo a sus consejeros y al ayo y a los
demás que metió consigo. «*Crean Vuestras Altezas que
estas tierras son en tanta cantidad buenas y fértiles y en*

especial estas de esta isla Española, que no hay persona que lo sepa decir, y nadie lo puede creer si no lo viese. Y crean que esta isla y todas las otras son así suyas como Castilla, que aquí no falta salvo asiento y mandarles hacer lo que quisieren, porque yo con esta gente que traigo, que no son muchos, correría todas estas islas sin afrenta, que ya he visto solos tres de estos marineros descender en tierra y haber multitud de estos indios y todos huir, sin que les quisieren hacer mal. Ellos no tienen armas, y son todos desnudos y de ningún ingenio en las armas y muy cobardes, que mil no aguardarán tres, y así son buenos para les mandar y les hacer trabajar y sembrar, y hacer todo lo otro que fuese menester, y que hagan villas y se enseñen a andar vestidos y a nuestras costumbres.»

Lunes, 17 de diciembre

Ventó aquella noche reciamente viento Lesnordeste; no se alteró mucho la mar porque lo estorba y escuda la isla de la Tortuga que está frontera y hace abrigo. Así estuvo allí aqueste día. Envió a pescar los marineros con redes. Holgáronse mucho con los cristianos los indios, y trujéronles ciertas flechas de los de los Caniba o de los caníbales, y son de las espigas de caña, y engiérenles unos palillos tostados y agudos, y son muy largos. Mostráronles dos hombres que les faltaban algunos pedazos de carne de su cuerpo e hiciéronles entender que los caníbales los habían comido a bocados; el Almirante no lo creyó. Tornó a enviar ciertos cristianos a la población, y a trueque de contezuelas de vidrio rescataron algunos pedazos de oro labrado en hoja delgada. Vieron a uno que tuvo el Almirante por gobernador de aquella provincia, que llamaban cacique [124], un pedazo tan grande como la mano de aquella hoja de oro, y parecía que lo quería resgatar; el cual se fue a su casa y los otros quedaron en la plaza; y él hacía hacer pedazuelos de aquella pieza y, trayendo cada vez un pedazuelo, resgatábalo. Después que no hubo más, dijo por señas que él había enviado por más y que otro día lo traerían. *«Estas cosas todas y la manera de ellos y sus costumbres y mansedumbre y consejo muestra de ser gente más despierta y entendida que otros que hasta allí hubiese hallado»*, dice el Almirante. En la tarde vino allí una canoa de la isla de la Tortuga con bien cuarenta hombres y, en llegando a la playa, toda la gente del pueblo que estaba junta se asentaron todos en señal de paz, y algunos de la canoa y cuasi todos descendieron en tierra. El cacique se levantó solo y con palabras que parecían de amenaza los hizo volver a la canoa y les echaba agua, y tomaba piedras de la playa y las echaba en el agua; y después que ya todos con mucha obediencia se pusieron y embarcaron en la canoa, él tomó una piedra y la puso en la mano a mi alguacil para que la tirase, y al cual yo había enviado a tierra y al escribano y a otros para ver si traían algo que aprovechase, y el alguacil no les quiso tirar. Allí mostró mucho el cacique que se favorecía con el Almirante. La canoa se fue luego, y dijeron al Almirante, después de ida, que en la Tortuga había más oro que en la isla Española, porque es más cerca de Baneque. Dijo el Almirante que no creía que en aquella isla Española ni en la Tortuga hubiese minas de oro, sino que lo traían de Baneque, y que traen poco, porque no tienen aquellos qué dar por ello. Y aquella tierra es tan gruesa que no ha menester que trabajasen mucho para susten-

---

[124] Máxima autoridad entre los indígenas antillanos. Es la primera vez que Colón utiliza esta palabra.

tarse ni para vertirse, como anden desnudos. Y creía el Almirante que estaba muy cerca de la fuente, y que Nuestro Señor le había de mostrar dónde nace el oro. Tenía nueva que de allí al Baneque había cuatro jornadas, que podrían ser treinta o cuarenta leguas, que en un día de buen tiempo se podían andar.

Martes, 18 de diciembre

Estuvo en aquella playa surto este día porque no había viento, y también porque había dicho el cacique que había de traer oro, no porque tuviese en mucho el Almirante el oro diz que podía traer, pues allí no había minas, sino por saber mejor de dónde lo traían. Luego, en amaneciendo, mandó ataviar la nao y la carabela de armas y banderas por la fiesta que era este día de Santa María de la O, o conmemoración de la Anunciación. Tiráronse muchos tiros de lombardas, y el rey de aquella isla Española [125], dice el Almirante, había madrugado en su casa, que debía de distar cinco leguas de allí, según pudo juzgar, y llegó a hora de tercia a aquella población, donde ya estaban algunos de la nao que el Almirante había enviado para ver si venía oro; los cuales dijeron que venían con el rey más de doscientos hombres y que lo traían en unas·andas cuatro hombres, y era mozo como arriba se dijo. Hoy, estando el Almirante comiendo debajo del castillo, llegó a la nao con toda su gente. Y dice el Almirante a los Reyes: «*Sin duda pareciera*

---

[125] No se llamaba rey sino cacique. En la isla Española había cinco grandes cacicazgos; la comarca a la que acaba de llegar Colón pertenecía al cacicazgo del Marién, al frente del cual estaba Guacanagarí. No parece que el reyezuelo al que se refiere el texto sea el mismo Guacanagarí, sino otro.

bien a Vuestras Altezas su estado y acatamiento que todos le tienen, puesto que todos andan desnudos. Él, así como entró en la nao, halló que estaba comiendo a la mesa debajo del castillo de popa, y él, a buen andar, se vino a sentar a par de mí y no me quiso dar lugar que yo me saliese a él ni me levantase de la mesa, salvo que yo comiese. Yo pensé que él tenía a bien de comer de nuestras viandas; mandé luego traerle cosas que él comiese. Y, cuando entró debajo del castillo, hizo señas con la mano que todos los suyos quedasen fuera, y así lo hicieron con la mayor priesa y acatamiento del mundo, y se asentaron todos en la cubierta, salvo dos hombres de una edad madura, que yo estimé por sus consejeros y ayo, que vinieron y se sentaron a sus pies, y de las viandas que yo le puse delante, tomaba de cada una tanto como se toma para hacerla salva [126], y después luego lo demás enviábalo a los suyos, y todos comían de ella; y así hizo en el beber, que solamente llegaba a la boca y después así lo daba a los otros, y todo con un estado maravilloso y muy pocas palabras; y aquellas que él decía, según yo podía entender, eran muy asentadas y de seso, y aquellos dos le miraban a la boca y hablaban por él y con él y con mucho acatamiento. Después de comido, un escudero traía un cinto, que es propio como los de Castilla en la hechura, salvo que es de otra obra, que él tomó y me lo dio, y dos pedazos de oro labrados que eran muy delgados, que creo que aquí alcanzan poco de él, puesto que tengo que están muy vecinos de donde nace y hay mucho. Yo vide que le agradaba un arambel [127] que

---

[126] Aquí está en la acepción de comer poco. Jurídicamente significó *dar garantía* porque el acto de probar da a entender que está a salvo de toda traición y engaño. En Castilla era un privilegio reservado solo a reyes y grandes nobles.

[127] Colcha, cobertor. Es un arabismo.

yo tenía sobre mi cama; yo se lo di y unas cuentas muy
buenas de ámbar que yo traía al pescuezo, y unos zapatos
colorados y una almarraja [128] *de agua de azahar, de que*
quedó tan contento que fue maravilla; y él y su ayo y con-
sejeros llevan grande pena porque no me entendían ni yo
a ellos. Con todo, le conocí que me dijo que si me com-
pliese algo de aquí, que toda la isla estaba a mi mandar.
Yo envié por unas cuentas mías adonde por un señal tenga
un excelente de oro [129] *en que están esculpidos Vuestras*
Altezas y se la mostré, y le dije otra vez como ayer que
Vuestras Altezas mandaban y señoreaban todo lo mejor
del mundo, y que no había tan grandes príncipes; y le
mostré las banderas reales y las otras de la Cruz, de que
él tuvo en mucho; "y ¡qué grandes señores serían Vues-
tras Altezas!", decía él contra sus consejeros, "pues de tan
lejos y del cielo me habían enviado hasta aquí sin miedo".
Y otras cosas muchas pasaron que yo no entendía, salvo
que bien veía que todo tenía a grande maravilla». Después que ya fue tarde y él se quiso ir, el Almirante le envió
en la barca muy honradamente e hizo tirar muchas lombardas. Y puesto en tierra, subió en sus andas y se fue con
sus más de doscientos hombres; y su hijo le llevaban atrás
en los hombros de un indio, hombre muy honrado. A todos los marineros y gente de los navíos donde quiera que
los topaba les mandaba dar de comer y hacer mucha
honra. Dijo un marinero que le había topado en el camino
y visto, que todas las cosas que le había dado el Almirante
y cada una de ellas llevaba delante del rey un hombre, a lo
que parecía, de los más honrados. Iba su hijo atrás del rey
buen rato, con tanta compañía de gente como él, y otro

---

[128] Vasija de vidrio, a manera de garrafa.
[129] Moneda de oro acuñada por los Reyes Católicos que equivalía
a la dobla y, por tanto, a 2 castellanos.

tanto un hermano del mismo rey, salvo que iba el hermano a pie, y llevábanlo del brazo dos hombres honrados. Este vino a la nao después del rey, al cual dio el Almirante algunas cosas de los dichos rescates, y allí supo el Almirante que al rey llamaban en su lengua cacique. En este día se rescató diz que poco oro, pero supo el Almirante de un hombre viejo que había muchas islas comarcanas a cien leguas y más, según pudo entender, en las cuales nace muy mucho oro, hasta decirle que había isla que era todo oro, y en las otras que hay tanta cantidad que lo cogen y ciernen como con cedazo y lo funden y hacen vergas y mil labores; figuraba por señas la hechura. Este viejo señaló al Almirante la derrota y el paraje donde estaba. Determinose el Almirante de ir allí, y dijo que, si no fuera el dicho viejo tan principal persona de aquel rey, que lo detuviera y llevara consigo, o si supiera la lengua que se lo rogara; y creía, según estaba bien con él y con los cristianos, que se fuera con él de buena gana; pero, porque ya tenía aquellas gentes por de los Reyes de Castilla, y no era razón de hacerles agravio, acordó de dejarlo. Puso una cruz muy poderosa en medio de la plaza de aquella población, a lo cual ayudaron los indios mucho, e hicieron diz que oración y la adoraron; y por la muestra que dan, espera en Nuestro Señor el Almirante que todas aquellas islas han de ser cristianas.

Miércoles, 19 de diciembre

Esta noche se hizo a la vela por salir de aquel golfo que hace allí la isla de la Tortuga con la Española, y siendo de día tornó el viento Levante, y con el cual todo este día no pudo salir de entre aquellas dos islas, y a la noche no pudo tomar un puerto que por allí parecía. Vido por allí cuatro cabos de tierra y una grande bahía y río, y de allí vido una angla muy grande y tenía una población y a las espaldas un valle entre muchas montañas altísimas, llenas de árboles que juzgó ser pinos; y sobre los dos hermanos hay una montaña muy alta y gorda que va de Nordeste al Sudueste, y del cabo de Torres al Lesueste está una isla pequeña, a la cual puso nombre Santo Tomás, porque es mañana su vigilia. Todo el cerco de aquella isla tiene cabos y puertos maravillosos, según juzgaba él desde la mar. Antes de la isla de la parte del Oueste hay un cabo que entra mucho en la mar alto y bajo, y por eso le puso nombre Cabo Alto y Bajo. Del cabo de Torres al Leste cuarta del Sueste hay sesenta millas hasta una montaña más alto que otra, que entra en la mar, y parece desde lejos isla por sí, por un degollado que tiene de la parte de tierra; púsole nombre Monte Caribata [130], porque aquella provincia se llamaba Caribata. Es muy hermoso y lleno de árboles verdes y claros, sin nieve y sin niebla, y era entonces por allí el tiempo, cuanto a los aires y templanza, como por marzo en Castilla, y en cuanto a los árboles y hierbas, como por mayo. Las noches diz que eran de catorce horas.

Jueves, 20 de diciembre

Hoy, al poner del sol, entró en un puerto que estaba entre la isla de Santo Tomás y el Cabo de Caribata y surgió. Este puerto es hermosísimo y que cabrían en él cuantas naos hay en cristianos. La entrada de él parecía desde la mar imposible a los que no hubiesen en él entrado, por unas restringas de peñas que pasan desde el monte hasta cuasi la isla, y no puestas por orden, sino unas acá y otras

---

[130] Actualmente, cabo Haitiano.

acullá, unas a la mar y otras a la tierra; por lo cual es menester estar despiertos para entrar por unas entradas que tiene muy anchas y buenas para entrar sin temor, y todo muy fondo de siete brazas. Puede la nao estar con una cuerda cualquiera amarrada contra cualesquiera vientos que haya [131]. A la entrada de este puerto diz que había un cañal [132], que queda a la parte del Oueste de una isleta de arena, y en ella muchos árboles, y hasta al pie de ella hay siete brazas; pero hay muchas bajas en aquella comarca, y conviene abrir el ojo hasta entrar en el puerto; después no hayan miedo a toda la tormenta del mundo. De aquel puerto se parecía un valle grandísimo y todo labrado, que desciende a él del Sueste, todo cercado con montañas altísimas que parece que llegan al cielo, y hermosísimas, llenas de árboles verdes; y sin duda que allí hay montañas más altas que la isla de Tenerife en Canaria [133], que es tenida por de las más altas que puede hallarse. De esta parte de la isla de Santo Tomás está otra isleta a una legua, y dentro de ella otra, y en todas hay puertos maravillosos, mas cumple mirar por las bajas. Vido también poblaciones y ahumadas que se hacían.

Viernes, 21 de diciembre

Hoy fue con las barcas de los navíos a ver aquel puerto; el cual vido ser tal que afirmó que ninguno se le

---

[131] Estas precisiones y consejos son exactos y sumamente útiles para los que naveguen en la actualidad por esa zona, dice un marino experimentado.

[132] Apostilla al margen Las Casas: *creo quiere decir cañaveral.*

[133] Está exagerando, quizá por excesivo entusiasmo. La más alta de estas montañas tiene mil metros menos que el Teide.

iguala de cuantos haya jamás visto, y excúsase diciendo que ha loado los pasados tanto que no sabe cómo lo encarecer, y que teme que sea juzgado por manificador excesivo más de lo que es la verdad. A esto satisface diciendo que él trae consigo marineros antiguos, y estos dicen y dirán lo mismo, y todos cuantos andan en la mar, conviene a saber, todas las alabanzas que ha dicho de los puertos pasados ser verdad, y ser este muy mejor que todos ser asimismo verdad. Dice más de esta manera: *«Yo he andado veintitrés años en la mar, sin salir de ella tiempo que se haya de contar* [134]*, y vi todo el Levante y Poniente, que hice ir al camino de Septentrión, que es Inglaterra, y he andado la Guinea, mas en todas estas partidas no se hallará la perfección de los puertos...* [135] *fallados siempre lo mejor del otro; que yo con buen tiento miraba mi escribir, y torno a decir que afirmo haber bien escrito, y que agora este es sobre todos y cabrían en él todas las naos del mundo, y cerrado, que con una cuerda, la más vieja de la nao, la tuviese amarrada».* Desde la entrada hasta el fondo habrá cinco leguas. Vido unas tierras muy labradas, aunque todas son así, y mandó salir dos hombres fuera de las barcas que fuesen a un alto para que viesen si había población, porque de la mar no se veía ninguna, puesto que aquella noche, cerca de las diez horas, vinieron a la nao en una canoa ciertos indios a ver al Almirante y a los cristianos por maravilla, y les dio de los resgates, con que se holgaron mucho. Los dos cristianos volvieron y dijeron

---

[134] Es de suponer que prescinda de los siete años que pasó en Castilla antes de iniciar el viaje de descubrimiento; lo que significaría que desde los 11-12 años está navegando.

[135] En blanco una línea, y parte de la otra en el manuscrito lascasiano.

dónde habían visto una población grande, un poco desviada de la mar. Mandó el Almirante remar hacia la parte
donde la población estaba hasta llegar cerca de tierra, y
vio unos indios que venían a la orilla de la mar; y parecía
que verían con temor, por lo cual mandó detener las barcas y que les hablasen los indios que traía en la nao, que
no les haría mal alguno. Entonces se allegaron más a la
mar, y el Almirante más a tierra; y después que del todo
perdieron el miedo, venían tantos que cubrían la tierra,
dando mil gracias, así hombres como mujeres y niños; los
unos corrían de acá y los otros de allá a nos traer pan que
hacen de niames, a que ellos llaman ajes, que es muy blanco
y bueno, y nos traían agua en calabazas y en cántaros de
barro de la hechura de las de Castilla, y nos traían cuanto
en el mundo tenían y sabían que el Almirante quería y
todo con un corazón tan largo y tan contento que era maravilla: «Y no se diga que porque lo que daban valía poco
por eso lo daban liberalmente, dice el Almirante, porque
lo mismo hacían y tan liberalmente los que daban pedazos de oro como los que daban la calabaza de agua; y fá-
cil cosa es de cognocer, dice el Almirante, cuándo se da
una cosa con muy deseoso corazón de dar». Estas son sus
palabras: «Estas gente no tiene varas ni azagayas ni otras
ningunas armas, ni los otros de toda esta isla, y tengo que
es grandísima. Son así desnudos como su madre los parió,
así mujeres como hombres, que en las otras tierras de la
Juana y las otras de las otras islas traían las mujeres delante de sí unas cosas de algodón con que cobijan su natura, tanto como una bragueta de calzas de hombre, en
especial después que pasan de la edad de doce años; mas
aquí ni moza ni vieja; y en los otros lugares todos los hombres hacían esconder sus mujeres de los cristianos por ce-
los, mas allí no; y hay muy lindos cuerpos de mujeres,
y ellas las primeras que venían a dar gracias al cielo y

traer cuanto tenían, en especial cosas de comer, pan de
ajes y gonza avellanada [136] *y de cinco o seis maneras fru-*
tas», de las cuales mandó curar el Almirante para traer a
los Reyes. No menos diz que hacían las mujeres en las
otras partes antes que se escondiesen; y el Almirante mandaba en todas partes estar todos los suyos sobre aviso que
no enojasen a alguno en cosa ninguna y que nada les tomasen contra su voluntad, y así les pagaban todo lo que
de ellos recibían. Finalmente dice el Almirante que no
puede creer que haya visto gente de tan buenos corazones
y francos para dar y tan temerosos, que ellos se deshacían
todos por dar a los cristianos cuanto tenían y, en llegando
los cristianos, luego corrían a traerlo todo. Después envió
el Almirante seis cristianos a la población, para que la viesen qué era; a los cuales hicieron cuanta honra podían y
sabían y les daban cuanto tenían, porque ninguna duda les
queda, sino que creían el Almirante y toda su gente haber
venido del cielo; lo mismo creían los indios que consigo
el Almirante traía de las otras islas, puesto que ya se les
había dicho lo que debían de tener. Después de haber ido
los seis cristianos, vinieron ciertas canoas con gente a rogar al Almirante, de parte de un señor, que fuese a su pueblo, cuando [de] allí se partiese. (Canoa es una barca en que
navegan, y son de ellas grandes y de ellas pequeñas) [137].
Y visto que el pueblo de aquel señor estaba en el camino
sobre una punta de tierra, esperando con mucha gente al
Almirante, fue allá. Y antes que se partiese vino a la playa
tanta gente que era espanto, hombres y mujeres y niños
dando voces que no se fuese, sino que se quedase con

---

[136] Se trata del cacahuet (palabra de origen nahua) que los indios
antillanos llamaban maní, según Las Casas.

[137] Parece una aclaración personal de Las Casas sin que venga mucho a cuento.

ellos. Los mensajeros del otro señor que había venido a convidar estaban aguardando con sus canoas, porque no se fuese sin ir a ver al señor. Y así lo hizo; y en llegando que llegó el Almirante adonde aquel señor le estaba esperando y tenían muchas cosas de comer, mandó asentar toda su gente, manda que lleven lo que tenían de comer a las barcas donde estaba el Almirante, junto a la orilla de la mar. Y como vido que el Almirante había recibido lo que le habían llevado, todos o los más de los indios dieron a correr al pueblo, que debía estar cerca, para traerle más comida y papagayos y otras cosas de lo que tenían con tan franco corazón que era maravilla. El Almirante les dio cuentas de vidrio y sortijas de latón y cascabeles, no porque ellos demandasen algo, sino porque le parecía que era razón, y sobre todo, dice el Almirante, porque los tiene ya por cristianos y por de los Reyes de Castilla más que las gentes de Castilla, y dice que otra cosa no falta salvo saber la lengua y mandarles, porque todo lo que se les mandare harán sin contradicción alguna. Partiose de allí el Almirante para los navíos, y los indios daban voces, así hombres como mujeres y niños, que no se fuesen y se quedasen con ellos los cristianos. Después que se partían venían tras ellos a la nao canoas llenas de ellos, a los cuales hizo hacer mucha honra y darles de comer y otras cosas que llevaron. Había también venido antes otro señor de la parte del Oueste, y aun a nado venían muy mucha gente, y estaba la nao más de grande media legua de tierra. El señor que dije se había tornado; enviole ciertas personas para que le viesen y le preguntasen de estas islas; él los recibió muy bien, y los llevó consigo a su pueblo para darles ciertos pedazos grandes de oro, y llegaron a un gran río, el cual los indios pasaron a nado; los cristianos no pudieron; y así se tornaron. En toda esta comarca hay montañas altísimas, que parecen llegar al cielo, que la de la isla de Tenerife parece nada en comparación de ellas en altura y en hermosura, y todas son verdes, llenas de arboledas, que es una cosa de maravilla. Entre medias de ellas hay vegas muy graciosas, y al pie de este puerto, al Sur, hay una vega tan grande [138] que los ojos no pueden llegar con la vista al cabo, sin que tenga impedimento de montaña, que parece que debe tener quince o veinte leguas, por la cual viene un río, y es toda poblada y labrada y está tan verde agora como si fuera en Castilla por mayo o por junio, puesto que las noches tienen catorce horas y sea la tierra tanto septentrional. Así, este puerto es muy bueno para todos los vientos que puedan ventar, cerrado y hondo, y todo poblado de gente muy buena y mansa, y sin armas buenas ni malas; y puede cualquier navío estar sin miedo en él que otros navíos que vengan de noche a los saltear, porque, puesto que la boca sea bien ancha, de más de dos leguas, es muy cerrada de dos restringas de piedra que escasamente la ven sobre agua, salvo una entrada muy angosta en esta restringa, que no parece sino que fue hecho a mano y que dejaron una puerta abierta cuanto los navíos puedan entrar. En la boca hay siete brazas de hondo hasta el pie de una isleta llana que tiene una playa y árboles; al pie de ella de la parte del Oueste tiene la entrada, y se puede llegar una nao sin miedo hasta poner el bordo junto a la peña. Hay de la parte del Norueste hay tres islas y un gran río a una legua del cabo de este puerto; es el mejor del mundo; púsole nombre el Puerto de la Mar de Santo Tomás, porque era hoy su día; díjole mar por su grandeza.

---

[138] Se refiere a la que más adelante pondrá nombre de Vega Real.

Sábado, 22 de diciembre

En amaneciendo, dio las velas para ir su camino a buscar las islas que los indios le decían que tenían mucho oro, y de algunas que tenían más oro que tierra. No le hizo tiempo, y hubo de tornar a surgir, y envió la barca a pescar con la red. El señor de aquella tierra [139], que tenía un lugar cerca de allí, le envió una grande canoa llena de gente, y en ella un principal criado suyo a rogar al Almirante que fuese con los navíos a su tierra y que le daría cuanto tuviese; enviole con aquel un cinto que en lugar de bolsa traía una carátula que tenía dos orejas grandes de oro de martillo, y la lengua y la nariz. *Y, como sea esta gente de muy franco corazón que cuanto le piden dan con la mejor voluntad del mundo, que les parece que pidiéndoles algo les hacen grande merced,* esto dice el Almirante, toparon la barca y dieron el cinto a un grumete, y vinieron con su canoa a bordo de la nao con su embajada. Primero que los entendiese, pasó alguna parte del día; ni los indios que él traía los entendían bien, porque tienen alguna diversidad de vocablos en nombres de las cosas. En fin, acabó de entender por señas su convite. El cual determinó de partir el domingo para allá, aunque no solía partir de puerto en domingo, solo por su devoción y no por superstición alguna, pero con esperanza, dice él, que aquellos pueblos han de ser cristianos por la voluntad que muestran y de los Reyes de Castilla, y porque los tiene ya por suyos; y porque le sirvan con amor, les quiere y trabaja hacer todo placer. Antes que partiese hoy, envió seis hombres a una población muy grande, tres leguas de allí de la parte del Oueste, porque el señor de ella vino el sábado pasado al Almirante

---

[139] El cacique del Marién Guacanagarí, amigo y protector de los cristianos.

y dijo que tenía ciertos pedazos de oro. En llegando allá los cristianos, tomó el señor de la mano al escribano del Almirante, que era uno de ellos, el cual enviaba el Almirante para que no consintiese hacer a los demás cosa indebida a los indios, porque como fuesen tan francos los indios y los españoles tan codiciosos y desmedidos, que no les basta que por un cabo de agujeta y aun por un pedazo de vidrio y de escudilla y por otras cosas de no nada les deban los indios cuanto querían, pero, aunque sin darles algo se los querrían todo haber y tomar, lo que el Almirante siempre prohibía, y aunque también eran muchas cosas de poco valor, sino era el oro, las que daban a los cristianos, pero el Almirante, mirando al franco corazón de los indios, que por seis contezuelas de vidrio darían y daban un pedazo de oro, por eso mandaba que ninguna cosa se recibiese de ellos que no se les diese algo en pago. Así que tomó por la mano el señor al escribano y lo llevó a su casa con todo el pueblo, que era muy grande, que le acompañaba, y les hizo dar de comer, y todos los indios les traían muchas cosas de algodón labradas y en ovillos hilado. Después que fue tarde, dioles tres ánsares muy gordas el señor y unos pedacitos de oro, y vinieron con ellos mucho número de gente, y les traían todas las cosas que allá habían resgatado, y ellos mismos porfiaban de traellos a cuestas, y de hecho lo hicieron por algunos ríos y por algunos lugares lodosos. El Almirante mandó dar al señor algunas cosas, y quedó él y toda su gente con gran contentamiento, creyendo verdaderamente que habían venido del cielo, y en ver los cristianos que tenían por bienaventurados. Vinieron este día más de ciento y veinte canoas a los navíos, todas cargadas de gente, y todos traen algo, especialmente de su pan y pescado y agua en cantarillos de barro y simientes de muchas simientes que son buenas especias. Echaban un grano [140] en una escudilla de agua y bébenla, y decían los indios que consigo traía el Almirante que era cosa sanísima.

Domingo, 23 de diciembre

No pudo partir con los navíos a la tierra de aquel señor que lo había enviado a rogar y convidar por falta de viento, pero envió con los tres mensajeros que allí esperaban las barcas con gente y al escribano. Entretanto que aquellos iban, envió dos de los indios que consigo traía a las poblaciones que estaban por allí cerca del paraje de los navíos, y volvieron con un señor a la nao con nuevas que en aquella isla Española había gran cantidad de oro, y que a ella lo venían a comprar de otras partes, y dijéronle que allí haría cuanto quisiese. Vinieron otros que confirmaban haber en ella mucho oro, y mostrábanle la manera que se tenía en cogerlo. Todo aquello entendía el Almirante con pena, pero todavía tenía por cierto que en aquellas partes había grandísima cantidad de ello, y que, hallando el lugar donde se sacan habrá gran barato de ello, y según imaginaba que por no nada. Y torna a decir que cree que debe haber mucho, porque en tres días que había que estaba en aquel puerto, había habido buenos pedazos de oro, y no puede creer que allí lo traigan de otra tierra. *«Nuestro Señor, que tiene en las manos todas las cosas, vea de me remediar y dar como fuere su servicio.»* Estas son palabras del Almirante.

Dice que aquella hora cree haber venido a la nao más de mil personas, y que todas traían algo de lo que poseen, y antes que lleguen a la nao con medio tiro de ballesta, se

[140] Puede tratarse del cacao.

levantan en sus canoas en pie y toman en las manos lo que traen, diciendo:«Tomad, tomad». También cree que más de quinientos vinieron a la nao nadando por no tener canoas, y estaba surta cerca de una legua de tierra. Juzgaba que habían venido cinco señores, y hijos de señores, con toda su casa, mujeres y niños a ver a los cristianos. A todos mandaba dar el Almirante, porque diz que era bien empleado, y dice: *«Nuestro Señor me aderece, por su piedad que halle este oro, digo su mina, que hartos tengo aquí que dicen que la saben»*. Estas son sus palabras. En la noche llegaron las barcas, y dijeron que había gran camino hasta donde venían, y que al monte de Caribatán hallaron muchas canoas con muy mucha gente que venían a ver al Almirante y a los cristianos del lugar donde ellos iban. Y tenía por cierto que si aquella fiesta de Navidad pudiera estar en aquel puerto, viniera toda la gente de aquella isla, que estima ya por mayor que Inglaterra [141], por verlos; los cuales se volvieron todos con los cristianos a la población, la cual diz que afirmaban ser la mayor y la más concertada de calles que otras de las pasadas y halladas hasta allí, la cual diz que es de parte de la Punta Santa, al Sueste cuasi tres leguas. Y como las canoas andan mucho de remos, fuéronse adelante a hacer saber al cacique, que ellos llamaban allí. Hasta entonces no había podido entender el Almirante si lo dicen por Rey o por Gobernador. También dicen otro nombre por grande que llaman Nitayno [142]; no sabía si lo decían por hidalgo o gobernador o juez. Finalmente el cacique vino a ellos y se ayuntaron en la plaza, que estaba muy barrida, todo el pueblo, que había más de

---

[141] Estas comparaciones exageradas, fruto de primeras impresiones, son muy colombinas.

[142] *Nitayno era principal y señor después del rey, como grande del reino,* aclara al margen Las Casas.

dos mil hombres. Este rey hizo mucha honra a la gente de los navíos, y los populares cada uno les traía algo de comer y de beber. Después el rey dio a cada uno unos paños de algodón que visten las mujeres y papagayos para el Almirante y ciertos pedazos de oro; daban también los populares de los mismos paños y otras cosas de sus casas a los marineros, por pequeña cosa que les daban, la cual, según la recibían, parecía que la estimaban por reliquias. Ya a la tarde, queriendo despedir, el rey les rogaba que aguardasen hasta otro día, lo mismo todo el pueblo. Visto que determinaban su venida, vinieron con ellos mucho del camino, trayéndoles a cuestas lo que el cacique y los otros les habían dado hasta las barcas, que quedaban a la entrada del río.

Lunes, 24 de diciembre

Antes de salido el sol levantó las anclas, con el viento terral. Entre los muchos indios que ayer habían venido a la nao, que les habían dado señales de haber en aquella isla oro y nombrado los lugares donde lo cogían, vido uno parece que más dispuesto y aficionado o que con más alegría le hablaba, y halagolo rogándole que se fuese con él a mostrarle las minas del oro. Esto trujo otro compañero o pariente consigo entre los otros lugares que nombraban donde se cogía el oro, dijeron de Cipango, el cual ellos llaman Cibao [143], y allí afirman que hay gran cantidad de oro, y que el cacique trae las banderas de oro de martillo,

---

[143] Cibao es una comarca situada unas leguas al Este, hacia el interior de la isla Español, donde más tarde se encontrarán ricas minas de oro. El parecido fónico entre ambas palabras: Cibao-Cipango mantendrán a Colón expectante y dubitativo durante unos días.

salvo que está muy lejos, al Leste. El Almirante dice aquí estas palabras a los Reyes: «*Crean Vuestras Altezas que en el mundo no puede haber mejor gente ni más mansa. Deben tomar Vuestras Altezas grande alegría porque luego los harán cristianos y los habrán enseñado en buenas costumbres de sus reinos, que más mejor gente ni tierra puede ser, y la gente y la tierra en tanta cantidad que yo no sé ya cómo lo escriba; porque yo he hablado en superlativo grado* (de) *la gente y la tierra de la Juana, a que ellos llaman Cuba; mas hay tanta diferencia de ellos y de ella a esta en todo como del día a la noche, ni creo que otro ninguno, que esto hobiese hecho ni dijese menos de lo que yo tengo dicho; y digo que es verdad que es maravilla las cosas de acá y los pueblos grandes de esta isla Española, que así la llamé, y ellos le llaman Bohío, y todos de muy singularísimo trato amoroso y habla dulce, no como los otros, que parece cuando hablan que amenazan, y de buena estatura hombres y mujeres, y no negros. Verdad es que todos se tiñen, algunos de negro y otros de otra color, y los más de colorado. He sabido que lo hacen por el sol, que no les haga tanto mal; y las casas y lugares tan hermosos, y con señorío en todos, como juez o señor de ellos, y todos le obedecen que es maravilla, y todos estos señores son de pocas palabras y muy lindas costumbres, y su mandado es lo más con hacer señas con la mano, y luego es entendido que es maravilla*». Todas son palabras del Almirante. Quien hubiere de entrar en la mar de Santo Tomé, se debe meter una buena legua sobre la boca de la entrada sobre una isleta llana que en el medio hay, que le puso nombre la Amiga, llevando la proa en ella; y después que llegare a ella con el [tiro] [144] de una piedra, pase de la parte del Oueste y quédele ella al Leste,

---

[144] Palabra ininteligible.

y se llegue a ella y no a la otra parte, porque viene una restringa muy grande del Oueste, e aún en la mar fuera de ella hay unas tres bajas, y esta restringa se llega a la Amiga un tiro de lombarda; y entremedias pasará y hallará a lo más bajo siete brazas, y cascajos abajo, y dentro hallará puerto para todas las naos del mundo y que estén sin amarras. Otra restringa y bajas vienen de la parte del Leste a la dicha isla Amiga, y son muy grandes y salen en la mar muicho y llega hasta el cabo cuasi dos leguas; pero entre ellas pareció que había entrada a tiro de dos lombardas. De la Amiga, y al pie del monte Caribatán, de la parte del Oueste, hay un buen puerto y muy grande.

Martes 25 de diciembre, día de Navidad

Navegando con poco viento el día de ayer desde la mar de Santo Tomé hasta la Punta Santa, sobre la cual a una legua estuvo así hasta pasado el primer cuarto, que serían a las once horas de la noche, acordó echarse a dormir porque había dos días y una noche que no había dormido. Como fuese calma, el marinero que gobernaba la nao acordó irse a dormir y dejó el gobernario a un mozo grumete, lo que mucho siempre había el Almirante prohibido en todo el viaje, que hobiese viento o que hobiese calma, conviene a saber, que no dejasen gobernar a los grumetes. El Almirante estaba seguro de bancos y de peñas, porque el domingo, cuando envió las barcas a aquel rey, habían pasado al Leste de la dicha Punta Santa bien tres leguas y media, y habían visto los marineros toda la costa y los bajos que hay desde la dicha Punta Santa al Leste Sueste bien tres leguas, y vieron por dónde se podía pasar, lo que todo este viaje no hizo. Quiso Nuestro Señor que a las doce horas de la noche, como habían visto acostar y reposar al Almirante y veían que era calma muerta y la mar como en una escudilla, todos se acostaron a dormir, y quedó el gobernalle en la mano de aquel muchacho, y las aguas que corrían llevaron la nao sobre uno de aquellos bancos; los cuales, puerto que fuese de noche, sonaban que de una grande legua se oyeran y vieran, y fue sobre él tan mansamente que casi no se sentía. El mozo, que sintió el gobernalle y oyó el sonido de la mar, dio voces, a las cuales salió el Almirante, y fue tan presto que aún ninguno había sentido que estuviesen encallados [145]. Luego, el maestre [146] de la nao, cuya era la guardia, salió, y díjoles el Almirante a él y a los otros que halasen el batel que traían por popa y tomasen un ancha y la echasen por popa; y con él otros muchos saltaron en el batel, y pensaba el Almirante que hacían lo que les había mandado. Ellos no curaron sino de huir a la carabela, que estaba a barlovento media legua. La carabela no los quiso recibir haciéndolo virtuosamente, y por esto volvieron a la nao, pero primero fue a ella la barca de la carabela. Cuando el Almirante vido que se huían y que era su gente, y las aguas menguaban y estaba ya la nao la mar de través, no viendo otro remedio, mandó cortar el mástel y alijar de la nao todo cuanto pudieron para ver si podían sacarla; y como todavía las aguas menguasen, no se pudo remediar, y tomó lado hacia la mar traviesa, puesto que la mar era poco o nada, y entonces se abrieron los conventos [147] y no la nao. El Almirante fue a la carabela para poner en cobro la gente de la nao en la carabela, y como ven-

---

[145] La *Santa María* encalló por la parte de proa en un arrecife de la actual bahía Caracol.

[146] Juan de la Cosa, maestre y propietario de la *Santa María,* al que Colón culpa sin paliativos. Ver lo que dice el día 26 de diciembre.

[147] Abrirse las costuras de los tablones.

tase ya ventecillo de la tierra y también aún quedaba mucho de la noche, ni supiesen cuánto duraban los bancos, temporejó a la corda hasta que fue de día, y luego fue a la nao por de dentro de la restringa del banco. Primero había enviado el batel a tierra con Diego de Arana [148], de Córdoba, alguacil de la Armada, y Pedro Gutiérrez, repostero de la Casa Real, a hacer saber al Rey que los había enviado a convidar y rogar el sábado que se fuese con los navíos a su puerto; el cual tenía su villa adelante, obra de una legua y media del dicho banco; el cual como lo supo diz que lloró y envió toda su gente de la villa con canoas muy grandes y muchas a descargar todo lo de la nao. Y así se hizo y se descargó todo lo de las cubiertas en muy breve espacio; tanto fue el grande aviamiento y diligencia que aquel rey dio. Y él con su persona, con hermanos y parientes, estaban poniendo diligencia, así en la nao como en la guarda de lo que se sacaba a tierra, para que todo estuviese a muy buen recaudo. De cuando en cuando enviaba uno de sus parientes al Almirante llorando a lo consolar, diciendo que no recibiese pena ni enojo, que él le daría cuanto tuviese. Certifica el Almirante a los Reyes que en ninguna parte de Castilla tan buen recaudo en todas las cosas se pudiera poner sin faltar un agujeta. Mandolo poner todo junto con las casas, entre tanto que se vaciaban algunas casas que quería dar, donde se pusiese y guardase todo. Mandó poner hombres armados en rededor de todo, que velasen toda la noche. «*Él, con todo el pueblo, lloraban, tanto,* dice el Almirante, *son gente de amor y sin codicia y convenibles para toda cosa, que certifico a Vuestras Altezas que en el mundo creo que no hay mejor gente ni mejor tierra; ellos aman a sus prójimos*

---

[148] Era primo de Beatriz Enríquez de Arana, madre de Hernando Colón.

como a sí mismos, y tienen una habla la más dulce del mundo, y mansa, y siempre con risa. Ellos andan desnudos, hombres y mujeres, como sus madres los parieron, mas crean Vuestras Altezas que entre sí tienen costumbres muy buenas, y el rey muy maravilloso estado, de una cierta manera tan continente que es placer de verlo todo, y la memoria que tienen, y todo quieren ver, y preguntan qué es y para qué.» Todo esto dice el Almirante.

Miércoles, 26 de diciembre

Hoy, al salir del sol, vino el rey de aquella tierra, que estaba en aquel lugar, a la carabela *Niña* donde estaba el Almirante, y cuasi llorando le dijo que no tuviese pena, que él le daría cuanto tenía, y que había dado a los cristianos que estaban en tierra dos muy grandes casas, y que más les daría si fuesen menester, y cuantas canoas pudiesen cargar y descargar la nao, y poner en tierra cuanta gente quisiese, y que así lo había hecho ayer, sin que se tomase una migaja de pan ni otra cosa alguna, *tanto,* dice el Almirante, *son fieles y sin cudicia de lo ajeno,* y así era sobre todos aquel rey virtuoso. En tanto que el Almirante estaba hablando con él, vino otra canoa de otro lugar que traía ciertos pedazos de oro, los cuales quería dar por un cascabel, porque otra cosa tanto no deseaban como cascabeles, que aún no llega la canoa a bordo cuando llamaban y mostraban los pedazos de oro diciendo «chuq chuq» por cascabeles, que están en puntos de se tornar locos por ellos. Después de haber visto esto, y partiéndose estas canoas que eran de los otros lugares, llamaron al Almirante y le rogaron que les mandase guardar un cascabel hasta otro día, porque él traería cuatro pedazos de oro tan grandes como la mano. Holgó el Almirante al oír esto.

Y después un marinero que venía de tierra dijo al Almirante que era cosa de maravilla las piezas de oro que los cristianos que estaban en tierra resgataban por no nada; por una agujeta daban pedazos que serían más de dos castellanos, y que entonces no era nada al respecto de lo que sería dende a un mes. El rey se holgó mucho con ver al Almirante alegre, y entendió que deseaba mucho oro, y díjole por señas que él sabía cerca de allí adónde había de ello muy mucho en grande suma, y que estuviese de buen corazón, que él daría cuanto oro quisiese; y de ello diz que le daba razón, y en especial que lo había en Cipango, a que ellos llamaban Cibao, en tanto grado que ellos no lo tienen en nada, y que él lo traería allí, aunque también en aquella isla Española, a quien llaman Bohío, y en aquella provincia Caribata lo había mucho más. El rey comió en la carabela con el Almirante y después salió con él en tierra, donde hizo al Almirante mucha honra y le dio colación de dos o tres maneras de ajes y con camarones y caza y otras viandas que ellos tenían, y de su pan que llamaban cazabí [149]; donde lo llevó a ver unas verduras de árboles junto a las casas. Y andaban con él bien mil personas, todos desnudos; el señor ya traía camisa y guantes, que el Almirante le había dado, y por los guantes hizo mayor fiesta que por cosa de las que le dio. En su comer, con su honestidad y hermosa manera de limpieza, se mostraba bien ser de linaje. Después de haber comido, que tardó buen rato estar a la mesa, trujeron ciertas hierbas con que se fregó mucho las manos, creyó el Almirante que lo hacía para ablandarlas, y diéronle aguamanos. Después que acabaron de comer, llevó a la playa al Almirante, y el Almirante envió por un arco turquesco y un manojo de fle-

---

[149] Se elaboraba con raíces de yuca y era el alimento básico del antillano.

chas, y el Almirante hizo tirar a un hombre de su compañía que sabía de ello; y el señor, como no sepa que sean armas, porque no las tienen ni las usan, le pareció gran cosa, aunque diz que el comienzo fue sobre habla de los de Caniba que ellos llaman caribes, que los vienen a tomar, y traen arcos y flechas sin hierro, que en todas aquellas tierras no había memoria de él y de acero ni de otro metal salvo de oro y de cobre, aunque cobre no había visto sino poco el Almirante. El Almirante le dijo por señas que los Reyes de Castilla mandarían destruir a los caribes y que a todos se los mandarían traer las manos atadas. Mandó el Almirante tirar una lombarda y una espingarda, y viendo el efecto que su fuerza hacían y lo que penetraban, quedó maravillado, y cuando su gente oyó los tiros cayeron todos en tierra. Trujeron al Almirante una gran carátula que tenía grandes pedazos de oro en las orejas y en los ojos y en otras partes, la cual le dio con otras joyas de oro que el mismo rey había puesto al Almirante en la cabeza y al pescuezo; y a otros cristianos que con él estaban dio también muchas. El Almirante recibió mucho placer y consolación de estas cosas que veía, y se le templó el angustia y pena que había recibido y tenía de la pérdida de la nao, y conoció que Nuestro Señor había hecho encallar allí la nao porque hiciese allí asiento: «*Y a esto*, dice él, *vinieron tantas cosas a la mano, que verdaderamente no fue aquel desastre salvo gran ventura, porque es cierto*, dice él, *que si yo no encallara, que yo fuera de largo sin surgir en este lugar, porque él está metido acá dentro en una grande bahía y en ella dos o más restringas de bajas, ni este viaje dejara aquí gente, ni aunque yo quisiera dejarla no les pudiera dar tan buen aviamiento ni tantos pertrechos ni tantos mantenimientos ni aderezo para fortaleza; y bien es verdad que mucha gente de esta que va aquí me habían rogado y hecho rogar que les qui-*

siese dar licencia para quedarse. Agora tengo ordenado de hacer una torre y fortaleza [150], todo muy bien, y una grande cava, no porque crea que haya esto menester por esta gente, porque tengo por dicho que con esta gente que yo traigo sojuzgaría toda esta isla, la cual creo que es mayor que Portugal y más gente al doblo, mas son desnudos y sin armas y muy cobardes fuera de remedio, mas es razón que se haga esta torre y se esté como se ha de estar, estando tan lejos de Vuestras Altezas, y porque conozcan el ingenio de la gente de Vuestras Altezas, y lo que pueden hacer, porque con amor y temor le obedezcan; y así tendrán tablas para hacer toda la fortaleza de ellas y mantenimientos de pan y vino para más de un año y simientes para sembrar y la barca de la nao y un calafate y un carpintero y un lombardero y un tonelero y muchos entre ellos hombres que desean mucho, por servicio de Vuestras Altezas y me hacer placer, de saber la mina adonde se coge el oro. Así que todo es venido mucho a pelo, para que se faga este comienzo; sobre todo que, cuando encalló la nao, fue tan paso que cuasi no se sintió ni había ola ni viento». Todo esto dice el Almirante. Y añade más para mostrar que fue gran ventura y determinada voluntad de Dios que la nao allí encallase porque dejase allí gente [151], que si no fuera por la traición del maestre y de la gente, que eran todos o los más de su tierra, de no querer echar el ancla por popa para sacar la nao, como el Almirante les mandaba, la nao se salvara, y así no pudiera saberse la tierra, dice él, como se supo aquellos días que allí estuvo, y adelante por los que allí entendía dejar, porque él iba siempre con intención de descubrir y no parar en parte

---

[150] El fuerte de la Navidad, primer asiento en el Nuevo Mundo.

[151] Quedarán 39 hombres bajo el mando de Diego de Arana (ver lo que dice el 2 de enero).

más de un día, si no era por falta de los vientos, porque
la nao diz que era muy pesada y no para el oficio de descubrir. Y llevar tal nao diz que causaron los de Palos,
que no cumplieron con el Rey y la Reina lo que le habían prometido: dar navíos convenientes para aquella
jornada, y no lo hicieron. Concluye el Almirante diciendo
que de todo lo que en la nao había no se perdió una agujeta ni tabla ni clavo, porque ella quedó sana como cuando
partió, salvo que se cortó y rajó algo para sacar la vasija
y todas las mercaderías; y pusiéronlas todas en tierra y
bien guardadas, como está dicho. Y dice que espera en
Dios que, a la vuelta que él entendía hacer de Castilla,
había de hallar un tonel de oro, que habrían resgatado
los que había de dejar, y que habrían hallado la mina de
oro y la especería, y aquello en tanta cantidad que los
Reyes antes de tres años emprendiesen y aderezasen
para ir a conquistar la casa santa [152], «*que así,* dice él,
*protesté a Vuestras Altezas que toda la ganancia de esta
mi empresa se gastase en la conquista de Jerusalén, y
Vuestras Altezas se rieron y dijeron que les placía, y que
sin esto tenían aquella gana*». Estas son palabras del
Almirante.

---

[152] Para unos, la Casa Santa es Jerusalén o Ciudad Santa, dentro
de un sincero mesianismo de cruzada muy en boga en la corte de los
Reyes Católicos. Otros enfocan estas alusiones en un sentido literal:
la Casa Santa se refiere al Templo de Jerusalén, eterna obsesión judaica, y en este caso de Colón debido a su herencia y formación
judaica.

Jueves, 27 de diciembre

En saliendo el sol, vino a la carabela el rey de aquella tierra, y dijo al Almirante que había enviado por oro, y que lo quería cubrir todo de oro antes que se fuese, antes le rogaba que no se fuese; y comieron con el Almirante el rey y un hermano suyo y otro su pariente muy privado, los cuales dos le dijeron que querían ir a Castilla con él. Estando en esto, vinieron *[ciertos indios con nuevas]* [153] cómo la carabela *Pinta* [154] estaba en un río al cabo de aquella isla; luego envió el cacique allá una canoa y en ella el Almirante un marinero, porque amaba tanto al Almirante que era maravilla. Ya entendía el Almirante con cuanta priesa podía por despacharse para la vuelta de Castilla.

Viernes, 28 de diciembre

Para dar orden y priesa en el acabar de hacer la fortaleza y en la gente que en ella había de quedar, salió el Almirante en tierra y pareciole que el rey le había visto cuando iba en la barca; el cual se entró presto en su casa disimulando, y envió a un hermano que recibiese al Almirante, y llevole a una de las casas que tenía dadas a la gente del Almirante, la cual era la mayor y mejor de aquella villa. En ella le tenían aparejado un estrado de camisas de palma donde le hicieron asentar. Después el hermano

---

[153]　En el original se escribe *vinieron como*. Lo que está entre corchetes se toma de Las Casas (*Historia*, lib. I, cap. 61).

[154]　Ciertamente, estaba a no muchas leguas de allí: en la costa más cercana al Cibao. En el segundo viaje, Colón fundará en esa misma costa la villa de la Isabela. Hasta el 6 de enero no se reencontrarán los dos navegantes.

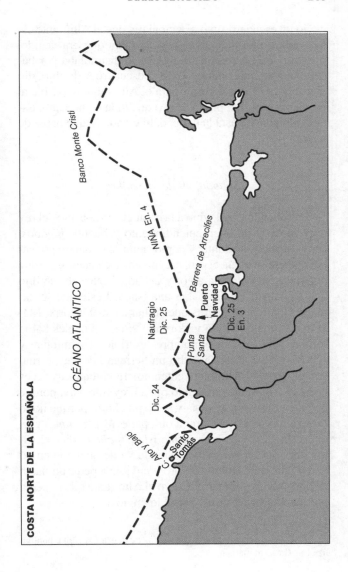

envió un escudero suyo a decir al rey que el Almirante estaba allí, como que era el rey no sabía que era venido, puesto que el Almirante creía que lo disimulaba por hacelle mucha más honra. Como el escudero se lo dijo, dio el cacique diz que a correr para el Almirante, y púsole al pescuezo una gran plasta de oro que traía en la mano. Estuvo allí con él hasta la tarde, deliberando lo que había de hacer.

Sábado, 29 de diciembre

En saliendo el sol, vino a la carabela un sobrino del rey muy mozo y de buen entendimiento y buenos *hígados,* como dice el Almirante; y como siempre trabajase por saber adónde se cogía el oro, preguntaba a cada uno, porque por señas ya entendía algo; y así aquel mancebo le dijo que a cuatro jornadas había una isla al Leste que se llamaba Guarionex, y otras que se llamaban Macorix, Mayonic, Fuma, y Cibao y Corvay [155], en las cuales había infinito oro, los cuales nombres escribió el Almirante y supo esto que le había dicho un hermano del rey, e riñó con él, segúl el Almirante entendió. También otras veces hacía el Almirante entendido que el rey trabajaba porque no entendiese dónde nacía y se cogía el oro, porque no lo fuese a resgatar o comprar a otra parte. *Mas es tanto y en tantos lugares y en esta misma isla Española,* dice el Almirante, *que es maravillas.* Siendo ya de noche le envió el rey una gran carátula de oro y enviole a pedir un bacín de aguamanos y un jarro. Creyó el Almirante que lo pedía por mandar hacer otro y así se lo envió.

---

[155] Estas no eran islas sino provincias de la isla Española, puntualiza Las Casas al margen.

Domingo, 30 de diciembre

Salió el Almirante a comer a tierra, y llegó a tiempo que habían venido cinco reyes sujetos a aqueste que se llama Guacanagari, todos con sus coronas, representando muy buen estado, que dice el Almirante a los Reyes que *Sus Altezas hubieran placer de ver la manera de ellos.* En llegando en tierra, el rey vino a recibir al Almirante, y lo llevó de brazos a la misma casa de ayer, adonde tenía un estrado y sillas en que se asentó al Almirante, y luego se quitó la corona de la cabeza y se la puso al Almirante, y el Almirante se quitó del pescuezo un collar de buenos alaqueques y cuentas muy hermosas de muy lindos colores, que parecía muy bien en toda parte, y se lo puso a él, y se desnudó un capuz de fina grana, que aquel día se había vestido, y se lo vistió, y envió por unos borceguíes de color que le hizo calzar, y le puso en el dedo un grande anillo de plata, porque habían dicho que vieron una sortija de plata a un marinero y que había hecho mucho por ella. Quedó muy alegre y muy contento, y dos de aquellos reyes que estaban con él vinieron adonde el Almirante estaba con él y trujeron al Almirante dos grandes plastas de oro, cada uno la suya. Y estando así vino un indio diciendo que había dos días que dejara la carabela *Pinta* al Leste en un puerto. Tornose el Almirante a la carabela, y Vicente Yáñez, capitán de ella, afirmó que había visto ruibarbo, y que lo había en la isla Amiga, que está a la entrada de la mar de Santo Tomé, que estaba seis leguas de allí, y que había conocido los ramos y raíz. Dicen que el ruibarbo echa unos ramitos fuera de tierra y unos frutos que parecen moras verdes, cuasi secas, y el palillo que está cerca de la raíz es tan amarillo y tan fino, como la mejor color que puede ser para pintar, y debajo de la tierra hace la raíz como una grande pera.

Lunes, 31 de diciembre

Aqueste día se ocupó en mandar tomar agua y leña para la partida a España, por dar noticia presto a los Reyes, para que enviasen navíos que descubriesen lo que quedaba por descubrir, porque *ya el negocio parecía tan grande y de tanto tomo que es maravilla,* dijo el Almirante, y dice que no quisiera partirse hasta que hubiera visto toda aquella tierra que iba hacia el Leste, y andarla toda por la costa, por saber también diz que el tránsito de Castilla a ella, para traer ganados y otras cosas. Mas como hubiese quedado con un solo navío, no le parecía razonable cosa ponerse a los peligros que le pudieran ocurrir descubriendo. Y quejábase de todo aquel mal e inconveniente [provenía] de haberse apartado de la carabela *Pinta.*

Martes, 1 de enero

A media noche despachó la barca que fuese a la isleta Amiga para traer el ruibarbo. Volvió a vísperas con un serón de ello; no trujeron más porque no llevaron azada para cavar; aquello llevó por muestra a los Reyes. El rey de aquella tierra diz que había enviado muchas canoas por oro. Vino la canoa que fue a saber de la *Pinta* y el marinero y no la hallaron. Dijo aquel marinero que veinte leguas de allí habían visto un rey que traía en la cabeza dos grandes plastes de oro, y luego que los indios de la canoa le hablaron se las quitó, y vido también mucho oro a otras personas. Creyó el Almirante que el rey Guacanagari debía de haber prohibido a todos los que no vendiesen oro a los cristianos, que pasase todo por su mano. Mas él había sabido los lugares, como dije antier, donde lo había en tanta cantidad que no lo tenían en precio. También la especería que como comen, dice el Almirante, es mucha y más vale que pimienta y manegueta [156]. Dejaba encomendados a los que allí quería dejar que hobiesen cuanta pudiesen.

Miércoles, 2 de enero

Salió de mañana en tierra para se despedir del rey Guacanagari e partirse en el nombre del Señor, e diole una camisa suya, y mostrole la fuerza que tenían y efecto que hacían las lombardas, por lo cual mandó armar una y tirar al costado de la nao que estaba en tierra, porque vino a propósito de plática sobre los caribes, con quien tienen guerra, y vido hasta dónde llegó la lombarda y cómo pasó el costado de la nao y fue muy lejos la piedra por la mar. Hizo hacer también un escaramuza con la gente de los navíos armada, diciendo al cacique no hobiese miedo a los caribes aunque viniesen. Todo esto diz que hizo el Almirante porque tuviese por amigos a los cristianos que dejaba, y por ponerle miedo que los temiese. Llevolo el Almirante a comer consigo a la casa donde estaba aposentado, y a los otros que iban con él. Encomendole mucho el Almirante a Diego de Arana y a Pedro Gutiérrez y a Rodrigo Escobedo, que dejaba juntamente por sus tenientes de aquella gente que allí dejaba, porque todo fuese bien regido y gobernado a servicio de Dios y de Sus Altezas. Mostró mucho amor el cacique al Almirante y gran sentimiento en su partida, mayormente cuando lo vido ir a embarcarse. Dijo

---

[156] La *manegueta, malagueta* o *melegueta* era un fruto de color de canela y de olor y sabor aromático. Se llamó también grano del Paraíso. El nombre está relacionado con la costa de la Malagueta, a la entrada del golfo de Guinea, en las actuales costas de Liberia y Sierra Leona. (Ver también lo que dice el 9 de enero.)

al Almirante un privado de aquel rey, que había mandado hacer una estatua de oro puro tan grande como el mismo Almirante, y que desde a diez días le habían de traer. Embarcose el Almirante con propósito de se partir luego, mas el viento no le dio lugar.

Dejó en aquella isla Española, que los indios diz que llamaban Bohío, treinta y nueve hombres con la fortaleza, y diz que muchos amigos de aquel rey Guacanagari, e sobre aquellos por sus tenientes a Diego de Arana, natural de Córdoba, y a Pedro Gutiérrez, repostero de estrado del Rey, criado del despensero mayor, e a Rodrigo de Escobedo, natural de Segovia, sobrino de Fr. Rodrigo Pérez, con todos sus poderes que de los Reyes tenía. Dejoles todas las mercaderías que los Reyes mandaron comprar para los resgates, que eran muchas, para que las trocasen y resgatasen por oro, con todo lo que traía la nao. Dejoles también pan bizcocho para un año y vino y mucha artillería, y la barca de la nao para que ellos, como marineros que eran los más, fuesen, cuando viesen que convenía, a descubrir la mina del oro, porque a la vuelta que volviese el Almirante hallase mucho oro; y lugar donde se asentase una villa, porque aquel no era puerto a su voluntad, mayormente que el oro que allí traían venía diz que del Leste, y cuando más fuesen al Leste tanto estaban cercanos de España. Dejoles también simientes para sembrar, y sus oficiales, escribano y alguacil, y un carpñintero de naos y calafate y un buen lombardero, que sabe bien de ingenios, y un tonelero y un físico y un sastre, y todos diz que hombres de la mar.

Jueves, 3 de enero

No partió hoy porque anoche diz que vinieron tres de los indios que traía de las islas que se habían quedado, y dijéronle que los otros y sus mugeres venían al salir del sol. La mar también fue algo alterada, y no pudo la barca estar en tierra. Determinó partir mañana mediante la gracia de Dios. Dijo que si él tuviera consigo la carabela *Pinta,* tuviera por cierto de llevar un tonel de oro, porque osara seguir las costas de estas islas, lo que no osaba hacer por ser solo, porque no le acaeciese algún inconveniente y se impidiese su vuelta a Castilla y la noticia que debía dar a los Reyes de todas las cosas que había hallado. Y si fuera cierto que la carabela *Pinta* llegaba a salvamento en España con aquel Martín Alonso Pinzón, dijo que no dejara de hacer lo que deseaba; pero porque no sabía de él, y porque, ya que vaya, podrá informar a los Reyes de mentiras porque no le manden dar la pena que él merecía, como quien tanto mal había hecho y hacía en haberse ido sin licencia y estorbar los bienes que pudieran hacerse y saberse de aquella vez, dice el Almirante, confiaba que Nuestro Señor le daría buen tiempo y se podría remediar todo.

Viernes, 4 de enero

Saliendo el sol, levantó las anclas con poco viento, con la barca por proa, el camino del Noroeste para salir fuera de la restringa, por otra canal más ancha de la que entró, la cual y otras son muy buenas para ir por delante de la villa de la Navidad, y por todo aquello el más bajo fondo que halló fueron tres brazas hasta nueve y estas dos van de Noroeste al Sueste, según aquellas restringas eran grandes que duran desde el Cabo Santo hasta el Cabo de Sierpe, que son más de seis leguas, y fuera en la mar bien tres, y sobre el Cabo Santo una legua no hay más de ocho brazas de fondo, y dentro del dicho cabo, de la parte del Leste, hay muchos bajos y canales para entrar por ellos; y toda aquella costa se corre Norueste Sueste y es toda playa, y la tierra muy llana hasta bien cuatro leguas adentro. Después hay montañas muy altas, y es toda muy poblada de poblaciones grandes y buena gente, según se mostraban con los cristianos. Navegó así al Leste camino de un monte muy alto, que quiere parecer isla pero no lo es, porque tiene participación con tierra muy baja, el cual tiene forma de un alfaneque muy hermoso, al cual puso nombre Monte-Cristi [157], el cual está justamente al Este del Cabo Santo, y habrá diez y ocho leguas. Aquel día, por ser el viento muy poco, no pudo llegar al Monte-Cristi con seis leguas. Halló cuatro isletas de arena muy bajas, con una restringa que salía mucho al Norueste y andaba mucho al Sueste. Dentro hay un grande golfo que va desde el dicho Monte al Sueste bien veinte leguas, el cual debe ser todo de poco fondo y muchos bancos, y dentro de él en toda la costa muchos ríos no navegables, aunque aquel marinero que el Almirante envió con la canoa a saber nuevas de la *Pinta,* dijo que vido un río [158] en el cual podían entrar naos. Surgió por allí el Almirante seis leguas del Monte-Cristi en diez y nueve brazas, dando la vuelta a la mar por apartarse de muchos bajos y restringas por allí había, donde estuvo aquella noche. Da el Almirante aviso, que el que hobiere de ir a la villa de Navidad, que cognosciere al Monte-Cristi, debe meterse en la mar dos leguas, etc.; pero porque ya se sabe la tierra y más por allí no se pone aquí. Concluye que Cipango estaba en aque-

---

[157] Desde entonces conserva el mismo nombre.

[158] Río Yaque del Norte, largo y caudaloso, al que el Almirante llamará pronto Río del Oro (ver 8 de enero).

lla isla [159] y que hay mucho oro y especería y almáciga y ruybarbo [160].

Sábado, 5 de enero

Cuando el sol quería salir, dio la vela con el terral; después ventó Leste, y vido que de la parte del Susueste del Monte-Cristi, entre él y una isleta, parecía ser buen puerto para surgir esta noche, y tomó el camino al Lesueste, y después al Sursueste, bien seis leguas a cerca del monte; y halló, andadas las seis leguas, diez y siete brazas de hondo y muy limpio, y anduvo así tres leguas con el mismo fondo. Después abajó a doce brazas hasta el morro del monte, y sobre el morro del monte a una legua halló nueve, y limpio todo, arena menuda. Siguió así el camino hasta que entró entre el monte y la isleta [161], adonde halló tres brazas y media de fondo con bajamar, muy singular puerto, adonde surgió. Fue con la barca a la isleta, donde halló fuego y rastro que habían estado allí pescadores. Vido allí muchas piedras pintadas de colores, o cantera de piedras tales de labores naturales, muy hermosas diz que para edificios de iglesia o de otras obras rea-

---

[159] Esta afirmación tan rotunda como sorprende, unida a la seguridad y conocimientos que a partir de este día demostrará el Almirante, ha servido a Manzano (*Colón y su secreto,* pág. 350) para convertir Monte Cristi en un hito para Colón. Dada su inconfundible forma, pudo ser una de las claves del predescubridor de América a la hora de orientar y localizar adecuadamente los conocimientos colombinos sobre las nuevas tierras.

[160] Prácticamente no ha encontrado aún nada de esto. Sin embargo, como el Cipango está asociado a tales riquezas, localizado aquel en la isla Española —Cibao—, lo demás se tiene que incluir sin más.

[161] La isla Cabra.

les, como las que halló en la isleta de San Salvador. Halló
también en esta isleta muchos pies de almáciga. Este
Monte-Cristi diz que es muy hermoso y alto y andable, de
muy linda hechura, y toda la tierra cerca de él es baja,
muy linda campiña, y él queda así alto, que viéndolo de
lejos, parece isla que no comunique con alguna tierra [162].
Después del dicho monte, al Leste, vido un cabo a veinticuatro millas, al cual llamó Cabo del Becerro, desde el
cual hasta el dicho monte pasan en la mar bien dos leguas
unas retringas de bajos, aunque le pareció que había entre
ellas canales para poder entrar; pero conviene que sea de
día y vaya sondando con la barca primero. Desde el dicho
monte al Leste hacia el Cabo del Becerro, las cuatro leguas es todo playa y tierra muy baja y hermosa, y lo otro
es todo tierra muy alta y grandes montañas labradas y hermosas; y dentro de la tierra va una sierra de Nordeste al
Sueste, la más hermosa que había visto, que parece propia como la sierra de Córdoba. Parecen también muy lejos otras montañas muy altas hacia el Sur y del Sueste y
muy grandes valles y muy verdes y muy hermosos y muy
muchos ríos de agua; todo esto en tanta cantidad apacible
que no creía encarecerlo la milésima parte. Después vido,
al Leste de dicho monte, una tierra que parecía otro
monte, así como aquel de Cristi en grandeza y hermosura.
Y dende a la cuarta del Leste al Nordeste es tierra no tan
alta, y habría bien cien millas o cerca.

Domingo, 6 de enero

Aquel puerto es abrigado de todos los vientos, salvo de
Norte y Norueste, y dice que poco reinan por aquella

---

[162] Y añade Las Casas: *Dice verdad, que por mar y por tierra parece isla como un montón de trigo.*

tierra [163], y aun de estos se pueden guarecer detrás de la isleta; tiene tres hasta cuatro brazas. Salido el sol, dio la vela por ir la costa delante, la cual toda corría al Leste, salvo que es menester dar resguardo a muchas restringas de piedras y arena que hay en la dicha costa. Verdad es que dentro de ellas hay buenos puertos y buenas entradas por sus canales. Después de medio día ventó Leste recio, y mandó subir a un marinero al topo del mástil para mirar los bajos, y vido venir la carabela *Pinta* con Leste a popa, y llegó al Almirante; y porque no había donde surgir por ser bajo, volviose el Almirante al Monte-Cristi a desandar diez leguas atrás que había andado, y la *Pinta* con él. Vino Martín Alonso Pinzón a la carabela *Niña,* donde iba el Almirante, a se excusar diciendo que se había partido de el contra su voluntad, dando razones para ello. Pero el Almirante dice que eran falsas todas, y que con mucha soberbia y cudicia se había apartado aquella noche que se apartó de él, y que no sabía, dice el Almirante, de dónde le hubiese venido las soberbias y deshonestidad que había usado con él aquel viaje, las cuales quiso el Almirante disimular por no dar lugar a las malas obras de Satanás, que deseaba impedir aquel viaje, como hasta entonces había hecho, sino que por dicho de un indio de los que el Almirante le había encomendado con otros que lleva(ba) en su carabela, el cual le había dicho que en una isla que se llamaba Baneque había mucho oro, y como tenía el navío sotil y ligero, se quiso apartar y ir por sí dejando al Almirante. Pero el Almirante quísose detener y costear la isla Juana y la Española, pues todo era un camino del Leste. Después que Martín Alonso fue a la isla Baneque diz que y no halló nada de oro, se vino a la costa de la Española

---

[163] Es la bahía de Monte Cristi. A esta impresión colombina apostillará al margen Las Casas: *No había experimentado la ira de estos dos vientos.*

por información de otros indios que le dijeron haber en aquella isla Española, que los indios llamaban Bohío, mucha cantidad de oro y muchas minas; y por esta causa llegó cerca de la villa de la Navidad, obra de quince leguas, y había entonces más de veinte días; por lo cual parece que fueron verdad las nuevas que los indios daban, por las cuales envió el rey Guacanagari la canoa, y el Almirante el marinero, y debía de ser ida cuando la canoa llegó. Y dice aquí el Almirante que resgató la carabela mucho oro, que por un cabo de agujeta le daban buenos pedazos de oro del tamaño de dos dedos y a veces como la mano, y llevaba el Martín Alonso la mitad y la otra mitad se repartía por la gente. Añade el Almirante, diciendo a los Reyes: *«Así que, Señores Príncipes, que yo conozco que milagrosamente mando quedar allí aquella nao Nuestro Señor, porque es el mejor lugar de toda la isla para hacer el asiento y más acerca de las minas de oro».* También diz que supo que detrás de la isla Juana, de la parte del Sur, hay otra isla grande, en que hay muy mayor cantidad de oro que en esta, en tanto grado que cogían los pedazos mayores que habas, y en la isla Española se cogían los pedazos de oro de las minas como granos de trigo. Llamábase diz que aquella isla Yamaye [164]. También diz que supo el Almirante que allí, hacia el Leste, había una isla adonde no había sino solas mujeres [165], y esto diz que de muchas personas lo sabía. Y que aquella isla Española o la otra isla Yamaye, estaba cerca de tierra firme diez jornadas de canoa, que podía ser sesenta o setenta leguas, y que era la gente vestida allí [166].

---

[164] Jamaica.

[165] Se refiere a las amazonas.

[166] Después de recorrer los parajes de Monte Cristi sorprende lo mucho que sabe Colón, al mismo tiempo que se nota en él como un extraño deseo por demostrarlo. Debe ser una respuesta a la deserción de Martín Alonso Pinzón.

Lunes, 7 de enero

Este día hizo tomar una agua [167] que hacía la carabela (y) calafetalla [168], y fueron los marineros en tierra a traer leña, y diz que hallaron muchos almácigos y lináloe.

Martes, 8 de enero

Por el viento Leste y Sueste mucho que ventaba no partió este día, por lo cual mandó que se guarneciese la carabela de agua y leña y de todo lo necesario para todo el viaje, porque, aunque tenía voluntad de costear toda la costa de aquella Española que andando el camino pudiese; pero, porque los que puso en las carabelas por capitanes, que eran hermanos, conviene a saber, Martín Alonso Pinzón y Vicente Yáñez, y otros que le seguían con soberbia y cudicia, estimando que todo era ya suyo, no mirando la honra que el Almirante les había hecho y dado, no habían obedecido ni obedecían sus mandamientos, antes hacían y decían muchas cosas no debidas contra él, y el Martín Alonso lo dejó desde el 21 de noviembre hasta 6 de enero sin causa ni razón, sino por su desobediencia, todo lo cual el Almirante había sufrido y callado por dar buen fin a su viaje; así que, por salir de tan mala compañía, con los cuales dice que cumplía disimular, aunque gente desmandada, y aunque tenía diz que consigo muchos hombres de bien, pero no era tiempo de entender en castigo, acordó volverse y no parar más con la mayor priesa que le fuese posible. Entró en la barca y

---

[167] Hacer lo necesario para impedir su entrada por los fondos de un buque.
[168] Calafatearla suponía cerrar las junturas con estopa y brea.

fue al río, que es allí junto hacia el Sursueste del Monte-
Cristi una grande legua, donde iban los marineros a tomar
agua para el navío, y halló que el arena de la boca del río,
el cual es muy grande y hondo, era diz que toda llena de
oro, y en tanto grado que era maravilla, puesto que era
muy menudo. Creía el Almirante que por venir por aquel
río abajo se desmenuzaba por el camino, puesto, que dice,
que en poco espacio halló muchos granos tan grandes
como lentejas, mas de lo menudito dice que había mucha
cantidad. Y porque la mar era llena y entraba el agua salada con la dulce, mandó subir con la barca el río arriba
un tiro de piedra, hincheron los barriles desde la barca, y
volviéndose a la carabela, hallaban metidos en los aros de
la pipa. Puso por nombre el Almirante al Río del Oro, el
cual de dentro pasada la entrada muy hondo, aunque la
entrada es baja y la boca muy ancha; y de él a la villa de
la Navidad, diez y siete leguas. Entremedias hay otros
muchos ríos grandes, en especial tres los cuales creía que
debían tener mucho más oro que aquel, porque son más
grandes, puesto que este es cuasi tan grande como Guadalquivir por Córdoba, y de ellos a las minas del oro no
hay veinte leguas [169]. Dice más el almirante, que no quiso
tomar de la dicha arena que tenía tanto oro, pues Sus Altezas lo tenían todo en casa y a la puerta de su villa de la
Navidad, sino venirse a más andar por llevalles las nuevas y por quitarse de la mala compañía que tenía y que
siempre había dicho que era gente desmandada.

Miércoles, 9 de enero

A media noche levantó las velas con el viento Sureste
y navegó al Lesnordeste, llegó a una punta que llamó

---

[169] Se refiere a las minas del Cibao.

Punta Roja, que está justamente al Leste del Monte-Cristi sesenta millas. Y al abrigo de ella surgió a la tarde, que serían tres horas antes que anocheciese. No osó salir de allí de noche, porque había muchas restringas, hasta que se sepan, porque después serán provechosas si tienen, como deben tener, canales, y tienen mucho fondo y buen surgidero seguro de todos vientos. Estas tierras, desde Monte-Cristi hasta allí donde surgió, son tierras altas y llanas y muy lindas campiñas, y a las espaldas muy hermosos montes que van de Leste a Oueste, y son todos labrados y verdes, que es cosa de maravilla ver su hermosura, y tienen muchas riberas de agua. En toda esta tierra hay muchas tortugas, de las cuales tomaron los marineros en el Monte-Cristi que venían a desovar en tierra, y eran muy grandes, como una grande tablachina [170]. El día pasado, cuando el Almirante iba al Río del Oro, dijo que vido tres sirenas [171] que salieron bien alto de la mar, pero no eran tan heremosas como las pintas, que en alguna manera tenían forma de hombre en la cara. Dijo que otras veces vido algunas en Guinea, en la costa de la Manegueta. Dice que esta noche, con el nombre de Nuestro Señor, partiría a su viaje, sin más detenerse en cosa alguna, pues había hallado lo que buscaba, porque no quiere más enojo con aquel Martín Alonso hasta que Sus Altezas supiesen las nuevas de su viaje y de lo que ha hecho. *«Y después no sufriré,* dice él, *hechos de malas personas y de poca virtud, las cuales contra quien les dio aquella honra presumen hacer su voluntad con poco acatamiento.»*

---

[170] Broquel o escudo de madera.

[171] Estas sirenas haitianas debían ser los manatíes o vacas marinas, cuya cabeza articulada y miembros anteriores en forma de brazos tienen cierta apariencia humana.

Jueves, 10 de enero

Partiose de donde había surgido y, al sol puesto, llegó a un río, al cual puso nombre Río de Gracia [172]; está de la parte del Sueste tres leguas. Surgió a la boca, que es buen surgidero, a la parte del Leste. Para entrar dentro tiene un banco, que no tiene sino dos brazas de agua y muy angosto; dentro es buen puerto cerrado, sino que tiene mucha bruma. Y de ella iba la carabela *Pinta,* donde iba a Martín Alonso, muy maltratada, porque diz que estuvo allí resgatando diez y seis días, donde resgataron mucho oro, que era lo que deseaba Martín Alonso. El cual, después que supo de los indios que el Almirante estaba en la costa de la misma isla Española y que no lo podía errar, se vino para él. Y diz que quisiera que toda la gente del navío jurara que no había estado allí sino seis días. Mas diz que era cosa tan pública su maldad, que no podía encubrir. *El cual,* dice el Almirante, *tenía hechas leyes que fuese para él la mitad del oro que se resgatase o se hobiese.* Y cuando hobo de partirse de allí, tomó cuatro hombres indios y dos mozos por fuerza, a los cuales el Almirante mandó dar de vestir y tornar en tierra que se fuesen a sus casas; *«lo cual —dice— es servicio de Vuestras Altezas, así de esta isla en especial como de las otras. Mas, aquí donde tienen ya asiento Vuestras Altezas, se debe hacer honra y favor a los pueblos, pues que en esta isla hay tanto oro y buenas tierras y especería».*

---

[172] Río de Gracia, donde estuvo Martín Alonso Pinzón 16 días. Esta denominación colombina no tuvo éxito y *antes se llamó siempre y se llama hoy el río de Martín Alonso Pinzón* (Las Casas, *Historia,* lib. I, cap. 66).

Viernes, 11 de enero

A media noche salió del río de Gracia con el terral. Navegó al Leste hasta un cabo que llamó Belprado cuatro leguas; y de allí al Sueste está el monte a quien puso Monte de Plata [173], y dice que hay ocho leguas. De allí al cabo que dijo del Belprado, al Leste cuarta del Sueste, está el cabo que dijo del Ángel, y hay diez y ocho leguas; y de este cabo al Monte de Plata hay un golfo y tierras las mejores y más lindas del mundo, todas campiñas altas y hermosas, que van mucho la tierra adentro, y después hay una sierra que va de Leste a Oueste, muy grande y muy hermosa; y al pie del monte hay un puerto muy bueno, y en la entrada tiene catorce brazas. Y este monte es muy alto y hermoso, y todo esto es poblado mucho. Y creía el Almirante debía haber buenos ríos y mucho oro. Del Cabo del Ángel al Leste cuarta del Sueste hay cuatro leguas a una punta que puso del Hierro, y al mismo camino, cuatro leguas, está una punta que llamó la Punta Seca. Y de allí al mismo camino, a seis leguas, está el cabo que dijo Redondo, y de allí al Leste está el Cabo Francés, y en este cabo, de la parte de Leste, hay una ancla grande, mas no le pareció haber surgidero. De allí una legua está el Cabo del Buen Tiempo; de este al Sur cuarta del Sueste hay un cabo que llamó Tajado, una grande legua; de este hacia el Sur vido otro cabo, y pareciole que habría quince leguas. Hoy hizo gran camino, por (que) el viento y las corrientes iban con él. No osó surgir por miedo de los bajos, y así estuvo a la corda toda la noche.

---

[173] *Este monte llamó de Plata porque es muy alto y está siempre sobre su cumbre de una niebla que lo hace blanco o plateado, y al pie de él está el puerto que se dice por aquel Monte de Plata.* Explicación al margen de Las Casas.

Sábado, 12 de enero

Al cuarto del alba, navegó al Leste con viento fresco y anduvo así hasta el día, y en este tiempo veinte millas, y en dos horas después andaría veinticuatro millas. De allí vido al Sur tierra, y fue hacia ella, y estaría de ella cuarenta y ocho millas, y dice que, dando resguardo al navío, andaría esta noche 28 millas al Nornordeste. Cuando vido la tierra, llamó a un cabo que vido el Cabo de Padre e Hijo, porque a la punta de la parte del Este tiene dos farallones [174], mayor el uno que el otro. Después al Leste dos leguas vido una grande abra y muy hermosa entre dos grandes montañas, y vido que era grandísimo puerto, bueno y de muy buena entrada, pero, por ser muy de mañana y no perder camino, porque por la mayor parte del tiempo hace por allí Leste y entonces le lleva Nornorueste, no quiso detenerse, mas, siguió su camino al Leste hasta un cabo muy alto y muy hermoso y todo de piedra tajado, a quien puso por nombre Cabo del Enamorado, el cual estaba al Leste de aquel puerto a quien llamó Puerto Sacro treinta y dos millas. Y en llegando a él, descubrió otro muy más hermoso y más alto y redondo, de peña todo, así como el Cabo de San Vicente en Portugal, y estaba del Enamorado al Leste doce millas. Después que llegó a emparejarse con el del Enamorado, vido, entremedias de él y de otro, vido que se hacía una grandísima bahía que tiene de ancho tres leguas, y en medio de ella está una isleta pequeñuela [175]; el fondo es mucho a la entrada hasta tierra. Surgió allí en doce brazas; envió la barca en tierra por agua y por ver si habían lengua, pero

---

[174] Farallón es una *roca alta y tajada que sobresale en el mar.*

[175] Es la isleta Cayo Levantado, a la entrada de la Bahía de Samaná o Golfo de las Flechas.

la gente toda huyó. Surgió también por ver si toda era
aquella una tierra con la Española. Y lo que dijo ser golfo
sospechaba no fuese otra isla por sí. Quedaba espantado
de ser tan grande la isla Española.

Domingo, 13 de enero

No salió de este puerto por no hacer terral con que saliese. Quisiera salir por ir a otro mejor puerto, porque
aquel era algo descubierto y porque quería ver en qué
paraba la conjunción de la Luna con el Sol, que esperaba
a 17 de este mes, y la oposición de ella con Júpiter y conjunción con Mercurio y el Sol en oposición con Júpiter,
que es causa de grandes vientos [176]. Envió la barca a tierra en una hermosa playa para que tomasen de los ajes
para comer, y hallaron ciertos hombres con arcos y flechas, con los cuales se pararon a hablar y les compraron
dos arcos y muchas flechas y rogaron a uno de ellos que
fuese a hablar al Almirante a la carabela, y vino; el cual
diz que era muy disforme en el acatadura [177] más que
otros que hubiese visto [178]: tenía el rostro todo tiznado de
carbón, puesto que en todas partes acostumbran de se te-
ñir de diversos colores; traía todos los cabellos muy largos y encogidos y atados atrás, y después puestos en una

---

[176] Nunca olvidaba estas observaciones si se le presentaba la opor-
tunidad. El almanaque Regiomontano: *Ephemerides Astronomicae,*
que lleva Colón las anunciaba para esa fecha.

[177] Semblante, gesto.

[178] *Estos debían ser los que llaman Ciguayos, que todos traían los
cabellos así muy largos,* aclara Las Casas al margen. La apariencia ex-
terna hizo que muchos los confundieran con los caribes antropófagos,
pero no lo eran. Acaso su cercanía les hizo adoptar modos y costumbres propios de aquellos.

redecilla de plumas de papagayos, y él así desnudo como los otros. Juzgó el Almirante que debía de ser de los caribes que comen los hombres, y que aquel golfo que ayer había visto, que hacía apartamiento de tierra y que sería isla por sí. Preguntole por los caribes y señalole al Leste, cerca de allí; la cual diz que ayer vio el Almirante antes que entrase en aquella bahía, y díjole el indio que en ella había muy mucho oro, señalándole la popa de la carabela, que era bien grande, y que pedazos había tan grandes. Llamaba al oro tuob y no entendía por caona, como le llaman en la primera parte de la isla, ni por nocay, como le nombraban en San Salvador y en las otras islas. Al alambre [179] o a un oro bajo llaman en la Española tuob. De la isla de Matinino [180] dijo aquel indio que era toda poblada de mujeres sin hombres, y que en ella hay muy mucho tuob que es oro o alambre, y que es mas al Leste de Carib [181]. También dijo de la isla de Goanin [182], adonde hay mucho tuob. De estas islas, dice el Almirante, que por muchas personas (hace) días había noticias. Dice más el Almirante, que en las islas pasadas estaban con gran temor de Carib, y en algunas le llamaban Caniba, pero en la Española Carib; y que debe de ser gente arriscada, pues andan por todas estas islas y comen la gente que pueden haber. Dice que entendían algunas palabras, y por ellas diz que saca otras cosas, y que los indios que consigo traía enten-

---

[179]   Cobre.

[180]   Identificar esta isla poblada solo por mujeres —amazonas— ha provocado hondas discusiones entre los historiadores del predescubrimiento de América. Para Manzano se trata de la actual Guadalupe; para Pérez de Tudela, sin embargo, de la Martinica.

[181]   Sobre *Carib* o isla de los Caribes hay más unanimidad: la Dominica.

[182]   Nadie ha relacionado este nombre con una isla. Guanín era oro bajo: aleación de oro, plata y cobre.

dían más, puesto que hallaba diferencia de lenguas por la gran distancia de las tierras. Mandó dar al indio de comer, y diole pedazos de paño verde y colorado y cuentezuelas de vidrio, a que ellos son muy aficionados; y tornole a enviar a tierra y díjole que trujese oro si lo había, lo cual creía por algunas cositas suyas que él traía. En llegando la barca a tierra, estaban detrás los árboles bien cincuenta y cinco hombres desnudos, con los cabellos muy largos, así como las mujeres los traen en Castilla, detrás de la cabeza traían penachos de plumas de papagayos y de otras aves y cada uno traía su arco. Descendió el indio en tierra e hizo que los otros dejasen sus arcos y flechas, y un pedazo de palo que es como un hierro [183] muy pesado que traen en lugar de la espada; los cuales después se llegaron a la barca, y la gente de la barca salió a tierra y comenzáronles a comprar los arcos y flechas y las otras armas, porque el Almirante así lo tenía ordenado. Vendidos dos arcos, no quisieron dar más, antes se aparejaron de arremeter a los cristianos y prendellos. Fueron corriendo a tomar sus arcos y flechas donde los tenían apartados y tornaron con cuerdas en las manos para diz que atar a los cristianos. Viéndolos venir corriendo a ellos, estando los cristianos apercibidos, porque siempre los avisaba de esto el Almirante, arremetieron los cristianos a ellos [184], y dieron a un indio una gran cuchillada en las nalgas y a otro por los pechos hirieron con una saetada; a lo cual, visto que podían ganar poco, aunque no eran los cristianos sino siete y ellos cincuenta y tantos, dieron a huir que no quedó nin-

---

[183] En blanco en el manuscrito. Las Casas escribe hierro.

[184] Comenta al margen Las Casas que esta fue *la primera pelea que se hubo entre indios y cristianos en la isla Española*. De esta relación tan poco amistosa procede el nombre de Golfo o Bahía de las Flechas.

guno, dejando uno aquí las flechas y otro allí los arcos. Mataran diz que los cristianos muchos de ellos, si el piloto que iba por capitán de ellos no lo estorbara. Volviéronse luego a la carabela los cristianos con su barca, y sabido por el Almirante, dijo que por una parte le había plazido y por otra no, porque hayan miedo a los cristianos, porque sin duda, dice él, la gente de allí es diz que de mal hacer y que creía que eran los de Carib y que comiesen los hombres, y porque viniendo por allí la barca que dejó a los treinta y nueve hombres en la fortaleza y Villa de la Navidad, tengan miedo de hacerles algún mal; y que si no son de los caribes, al menos deben ser fronteros y de las mismas costumbres y gente sin miedo, no como los otros de las otras islas, que son cobardes y sin armas fuera de razón. Todo esto dice el Almirante y que querría tomar algunos de ellos. Diz que hacían muchas ahumadas como acostumbraban en aquella isla Española.

Lunes, 14 de enero

Quisiera enviar esta noche a buscar las casas de aquellos indios por tomar algunos de ellos, creyendo que eran caribes, y... (no lo hizo) [185] por el mucho Leste y Nordeste y mucha ola que hizo en la mar, pero ya de día vieron mucha gente de indios en tierra, por lo cual mandó el Almirante ir allá la barca con gente bien aderezada, los cuales luego vinieron todos a la popa de la barca, y especialmente el indio que el día antes había venido a la carabela y el Almirante le había dado las cosillas de resgate. Con este diz que venía un rey, el cual había dado al indio di-

---

[185] Esta expresión encontrada en la *Historia* de Las Casas (I, cap. 67) completa el sentido de la frase.

cho unas cuentas que diese a los de la barca en señal de seguro y de paz. Este rey, con tres de los suyos, entraron en la barca y vinieron a la carabela. Mandoles el Almirante dar de comer bizcocho y miel, y diole un bonete colorado y cuentas y un pedazo de paño colorado, y a los otros también pedazos de paño; el cual dijo que traería mañana una carátula de oro, afirmando que allí había mucho, y en Carib y en Mantinino. Después los envió a tierra bien contentos. Dice más el Almirante; que le hacían agua mucha las carabelas por la quilla, y quéjase mucho de los calafates, que en Palos las calafatearon muy mal y que cuando vieron que el Almirante había entendido el defecto de su obra y los quisiera constreñir a que la enmendaran, huyeron. Pero no obstante la mucha agua que las carabelas hacían, confía en Nuestro Señor que lo trujo lo tornará por su piedra y misericordia, que bien sabía su Alta Majestad cuánta controversia tuvo primero antes que se pudiese expedir de Castilla, que ninguno otro fue en su favor sino Él, porque Él sabía su corazón, y después de Dios, Sus Altezas, y todo lo demás le había sido contrario sin razón alguna. Y dice más así: *«y han seído causa que la Corona Real de Vuestras Altezas no tenga cien cuentos de renta más de la que tiene después que yo vine a los servir, que son siete años agora, a 20 días de enero* [186] *este mismo mes, y más lo que acrecentado sería de aquí en adelante. Mas aquel poderoso Dios remediará todo».* Estas son sus palabras.

---

[186] Siete años antes nos traslada a 1486, fecha de la primera entrevista de Colón con los Reyes, celebrada en Alcalá de Henares el 20 de enero de 1486. Su llegada a Castilla se había producido unos meses antes: en la primavera de 1485.

Martes, 15 de enero

Dice que se quiere partir porque ya no aprovecha nada detenerse, por haber pasado aquellos desconciertos (debe decir del escándalo de los indios). Dice también que hoy ha salido que toda la fuerza del oro estaba en la comarca de la Villa de la Navidad de Sus Altezas, y que en la isla de Carib había mucho alambre y en Matinino, puesto que será dificultoso en Carib, porque aquella gente diz que come carne humana, y que de allí se parecía la isla de ellos, y que tenía determinado de ir a ella, pues está en el camino, y a la de Matinino, que diz que era poblada toda de mujeres sin hombres, y ver la una y la otra, y tomar diz que algunos de ellos. Envió el Almirante la barca a tierra, y el rey de aquella tierra no había venido porque diz que la población estaba lejos, mas envió su corona de oro como había prometido, y vieron otros muchos hombres con algodón y con pan y ajes, todos con sus arcos y flechas. Después que todo lo hubieron resgatado, vinieron diz que cuatro mancebos a la carabela, y pareciéronle al Almirante dar tan buena cuenta de todas aquellas islas que estaban hacia el Leste, en el mismo camino que el Almirante había de llevar, que determinó de traer a Castilla consigo. Allí diz que no tenían hierros ni otro metal que se hobiese visto, aunque en pocos días no se puede saber de una tierra mucho, así por la dificultad de la lengua, que no entendía el Almirante, sino por discreción, como porque ellos no saben lo que él pretendía en pocos días. Los arcos de aquella gente diz que eran tan grandes como los de Francia e Inglaterra; las flechas son propias como las azagayas de las otras gentes que hasta allí había visto, que son de los pimpollos de las cañas cuando son simiente, que quedan muy derechas y de longura de una vara y media y de dos, y después ponen al cabo un pedazo de palo agudo de un palmo y medio; y encima de este palillo, algunos le inxieren [187] un diente de pescado, y algunos y los más le ponen allí hierba, y no tiran como en otras partes, salvo por una cierta manera que no pueden mucho ofender. Allí había muy mucho algodón y muy fino y luengo, y hay muchas almácigas, y parecíale que los arcos eran de tejo, y que hay oro y cobre. También hay mucho ají, que es su pimienta, della que vale más que pimienta, y toda la gente no come sin ella, que la halla muy sana; puédense cargar cincuenta carabelas cada año en aquella Española. Dice que halló mucha hierba en aquella bahía de la que hallaban en el golfo cuando venía al descubrimiento, por lo cual creía que había islas al Leste hasta en derecho de donde las comenzó a hallar, porque tiene por cierto que aquella hierba nace en poco fondo, junto a tierra; y dice que si así es, muy cerca estaban estas Indias de las islas de Canarias, y por esta razón creía que distaban menos de cuatrocientas leguas.

Miércoles, 16 de enero

Partió antes del día, tres horas, del golfo que llamó el golfo de las Flechas con viento de la tierra, después con viento Oueste llevando la proa al Leste cuarta del Nordeste, para ir diz que a la isla de Carib donde estaba la gente a quien todas aquellas islas y tierras tanto miedo tenían; porque diz que con sus canoas sinnúmero andaban todas aquellas mares, y diz que comían los hombres que pueden haber. La derrota diz que le habían mostrado unos indios de aquellos cuatro que tomó ayer en el Puerto de las Flechas. Después de haber andado a su parecer sesenta

---

[187] Meter, introducir.

y cuatro millas señaláronle los indios que daría la dicha
isla al Sueste. Quiso llevar aquel camino y mandó templar
las velas [188], y después de haber andado dos leguas refrescó el viento que comenzó a entristecerse por desviarse
del camino derecho, por la mucha agua que hacían ambas
carabelas, y no tenían algún remedio salvo el de Dios.
Hubo de dejar el camino que creía que lleva de la isla y
volvió al derecho de España, Nordeste cuarta del Leste [189],
y anduvo así hasta el sol puesto cuarenta y ocho millas,
que son doce leguas. Dijéronle los indios que por aquella
vía hallaría la isla de Matinino, que diz era poblada de
mujeres sin hombres, lo cual el Almirante mucho quisiera
(ver) por llevar diz que a los Reyes cinco o seis de ellas;
pero dudaba que los indios supiesen bien la derrota, y él
no se podía detener por el peligro del agua que cogían las
carabelas, mas diz que era cierto que las había y que a
cierto tiempo del año venían los hombres a ellas de la dicha isla de Carib, que diz que estaba de ellas diez o doce
leguas, y si parían niño enviábanlo a la isla de los hombres, y si niña, dejábanla consigo. Dice el Almirante que
aquellas dos islas no debían distar de donde había partido
quince o veinte leguas, y creía que eran al Sueste, y que
los indios no le supieron señalar la derrota. Después de
perder de vista el cabo que nombró de San Theramo de la
isla Española, que le quedaba al Oueste diez y seis leguas,
anduvo doce leguas al Este cuarta del Nordeste. Llevaba
muy buen tiempo.

Este cabo de San Theramo cree cierto que es el que llaman ahora el cabo del Engaño.

---

[188] Ajustar las velas al tiempo de cada momento.
[189] Inicia el retorno a España y define el rumbo a seguir: *Nordeste
cuarta del Este,* en busca de los vientos y corrientes del Oeste.

Jueves, 17 de enero

Ayer, al poner del sol, calmole algo el viento; andaría catorce ampolletas, que tenía cada una media hora o poco menos, hasta el rendir del primer cuarto, y andaría cuatro millas por hora, que son veintiocho millas. Después refrescó el viento y anduvo así todo aquel cuarto, que fueron diez ampolletas, y después otras seis, hasta salido el sol, ocho millas por hora, y así andaría por todas ochenta y cuatro millas, que son veintiuna leguas, al Nordeste cuarta del Leste, y hasta el sol puesto andaría más cuarenta y cuatro millas, que son once leguas al Leste. Aquí vino un alcatraz a la carabela, y después otro, y vido mucha hierba de la que está en la mar.

Viernes, 18 de enero

Navegó con poco viento esta noche al Leste cuarta del Sueste cuarenta millas, que son diez leguas, y después al Sueste cuarta del Leste treinta millas, que son siete leguas y media, hasta salido el sol. Después de salido (el) sol navegó todo el día con poco viento Lesnordeste y Nordeste y con Leste más y menos, puesta la proa a veces al Norte y a veces a la cuarta del Nordeste y al nornordeste; y así, contando lo uno y lo otro, creyó que andaría sesenta millas, que son quince leguas. Pareció poca hierba en la mar, pero diz que ayer y hoy pareció la mar cuajada de atunes, y creyó el Almirante que de allí debían de ir a las almadrabas del Duque de Conil y de Cádiz. Por un pescado que se llama rabiforcado que anduvo alrededor de la carabela y después se fue la vía del Sursueste, creyó el Almirante que había por allí algunas islas. Y al Lesueste de la isla Española dijo que quedaba la isla de Carib y la de Matinino y otras muchas.

Sábado, 19 de enero

Anduvo esta noche cincuenta y seis millas al Norte cuarta del Nordeste, y sesenta y cuatro al Nordeste cuarta del Norte. Después del sol salido, navegó al Nordeste con el viento Lesueste con viento fresco, y después a la cuarta del Norte, y andaría ochenta y cuatro millas, que son veinte y una leguas. Vido la mar cuajada de atunes pequeños; hubo alcatraces, rabos de juncos y rabiforcados.

Domingo, 20 de enero

Calmó el viento esta noche, y a ratos ventaba unos balzos de viento, y andaría por todo veinte millas al Nordeste. Después del sol salido, andaría once millas al Sueste, después al Nornordeste 36 millas, que son nueve leguas. Vido infinitos atunes pequeños los aires diz que muy suaves y dulces, como en Sevilla por abril o mayo, y la mar dice, a Dios sean dadas muchas gracias, siempre muy llana. Rabiforcados y pardelas, y otras aves muchas parecieron.

Lunes, 21 de enero

Ayer después del sol puesto, navegó al Norte cuarta del Nordeste, con el viento Leste y Nordeste; andaría ocho millas por hora hasta media noche, que serían cincuenta y seis millas. Después anduvo al Nornordeste ocho millas por hora, y así serían en toda la noche ciento y cuatro millas, que son veintiséis leguas, a la cuarta del Norte y de la parte del Nordeste. Después del sol salido, navegó al Nornordeste con el mismo viento Leste, y a veces a la cuarta del Nordeste, y andaría ochenta y ocho millas en once horas que tenía el día, que son veintiuna leguas, sacada una que perdió porque arribó sobre la carabela *Pinta* por hablalle. Hallaba los aires más fríos y pensaba diz que hallarlos más cada día cuanto más se llegase al Norte, y también por las noches ser más grandes por la angostura de la esfera. Parecieron muchos rabos de juncos y pardelas y otras aves; pero no tantos peces, diz que por ser el agua más fría. Vido mucha hierba.

Martes, 22 de enero

Ayer después del sol puesto, navegó al Nornosdeste con viento Leste y tomaba del Sueste; andaba ocho millas por hora hasta pasadas cinco ampolletas, y tres de antes que se comenzase la guardia, que eran ocho ampolletas; y así habría andado setenta y dos millas, que son diez y ocho leguas. Después anduvo a la cuarta del Nordeste al Norte seis ampolletas, que serían otras dieciocho millas. Después, hasta el salir el sol, anduvo al Lesnordeste once ampollas, seis leguas por hora, que son siete leguas. Después al Lesnordeste hasta las once horas del día treinta y dos millas. Y así calmó el viento y no anduvo más en aquel día. Nadaron los indios. Vieron rabos de juncos y mucha hierba.

Miércoles, 23 de enero

Esta noche tuvo muchos mudamientos en los vientos; tanteando todo y dado los resguardos que los marineros buenos suelen y deben dar, dicen que andaría esta noche al Nordeste cuarta del Norte ochenta y cuatro millas, que son veintiuna leguas. Esperaba muchas veces a la carabela *Pinta,* porque andaba mal de la bolina, porque se ayudaba poco de la mesana por el mástil no ser bueno; y dice que si el capitán de ella, que es Martín Alonso Pinzón, tuviera tanto cuidado de proveerse de un buen mástil en las Indias, donde tantos y tales había como fue cudicioso de se apartar de él, pensando de henchir el navío de oro, él lo pusiera bueno. Parecieron muchos rabos de juncos y mucha hierba; el cielo todo turbado estos días, pero no había llovido, y la mar siempre muy llana como en un río. A Dios sean dadas muchas gracias. Después del sol salido, andaría al Nordeste franco cierta parte del día treinta millas, que son siete leguas y media, y después lo demás anduvo al Lesnordeste otras treinta millas que son siete leguas y media.

Jueves, 24 de enero

Andaría esta noche toda, consideradas muchas mudanzas que hizo el viento, al Nordeste cuarenta y cuatro millas, que fueron once leguas. Después de salido el sol hasta puesto, andaría al Lesnordeste catorce leguas.

Viernes, 25 de enero

Navegó esta noche al Lesnordeste un pedazo de la noche, que fueron trece ampolletas, nueve leguas y media; después anduvo al Nornordeste otras seis millas. Salido el sol todo el día, porque calmó el viento, andaría al Lesnordeste veintiocho millas, que son siete leguas. Mataron los marineros una tonina y un grandísimo tiburón, y diz que lo habían bien menester, porque no traían ya de comer sino pan y vino y ajes de las Indias.

Sábado, 26 de enero

Esta noche anduvo al Leste cuarta del Sueste cincuenta y seis millas, que son catorce leguas. Después del sol salido, navegó a las veces del Lesueste y a las veces al Sueste; andaría hasta las once horas del día cuarenta millas. Después hizo otro bordo [190], y después anduvo a la relinga, y hasta la noche anduvo hacia el Norte veinticuatro millas, que son seis leguas.

Domingo, 27 de enero

Ayer después del sol puesto, anduvo al Nordeste y al Norte y al Norte cuarta del Nordeste, y andaría cinco millas por hora, y en trece horas serían sesenta y cinco millas, que son diez y seis leguas y media. Después del sol salido, anduvo hacia el Nordeste veinticuatro millas, que son seis leguas hasta mediodía, y de allí hasta el sol puesto andaría tres leguas al Lesnordeste.

Lunes, 28 de enero

Esta noche toda navegó al Lesnordeste, y andaría treinta y seis millas, que son nueve leguas. Después del sol salido, anduvo hasta el sol puesto al Lesnordeste veinte millas, que son cinco leguas. Los aires halló templados y dulces. Vido rabos de juncos y pardelas, y mucha hierba.

---

[190] Mudar diferente camino que llevaba.

Martes, 29 de enero

Navegó al Lesnordeste, y andaría en la noche con Sur y Sudueste treinta y nueve millas, que son nueve leguas y media. En todo el día andaría ocho leguas. Los aires muy templados, como en abril en Castilla. La mar muy llana. Peces que llaman dorados vinieron a bordo.

Miércoles, 30 de enero

En toda esta noche andaría siete leguas al Lesnordeste. De día corrió al Sur cuarta al Sueste trece leguas y media. Vido rabos de juncos y mucha hierba y muchas toninas.

Jueves, 31 de enero

Navegó esta noche al Norte cuarta del Nordeste treinta millas, y después al Nordeste treinta y cinco millas, que son diez y seis leguas. Salido el sol hasta la noche anduvo al Lesnordeste trece leguas y media. Vieron rabos de junco y pardelas.

Viernes, 1.º de febrero

Anduvo esta noche al Lesnordeste diez y seis leguas y media. El día corrió al mismo camino veintinueve leguas y un cuarto. La mar muy llana, a Dios gracias.

Sábado, 2 de febrero

Anduvo esta noche al Lesnordeste cuarenta millas, que son diez leguas. De día con el mismo viento a popa corrió siete millas por hora, por manera que en once horas anduvo setenta y siete millas, que son diecinueve leguas y cuarta. La mar muy llana, gracias a Dios, y los aires muy dulces. Vieron tan cuajada la mar de hierba, que si no la hubieran visto, temieran ser bajos. Pardelas vieron.

Domingo, 3 de febrero

Esta noche, yendo a popa con la mar muy llana, a Dios gracias, andaría veintinueve leguas. Pareciole la estrella del Norte muy alta, como en el Cabo de San Vicente. No pudo tomar el altura con el astrolabio ni cuadrante, porque la ola no le dio lugar. El día navegó al Lesnordeste su camino, y andaría diez millas por hora, y así en once horas, veintisiete leguas.

Lunes, 4 de febrero

Esta noche navegó al Leste cuarta del Nordeste; parte anduvo doce millas por hora y parte diez, y así andaría ciento treinta millas, que son treinta y dos leguas y media. Tuvo el cielo muy turbado y lluvioso y hizo algún frío, por lo cual diz que conocía que no había llegado a las islas de las Azores. Después del sol levantado, mudó el camino y fue al Leste [191]. Anduvo en todo el día setenta y siete millas, que son diecinueve leguas y cuarta.

---

[191] Cambio definitivo del rumbo cogiendo de lleno los vientos del Oeste.

Martes, 5 de febrero

Esta noche navegó al Leste; andaría toda ella cincuenta y cuatro millas, que son catorce leguas menos media. El día corrió diez millas por hora, y así en once horas fueron ciento diez millas, que son veintisiete leguas y media. Vieron pardelas y unos palillos, que era señal que estaban cerca de tierra.

Miércoles, 6 de febrero

Navegó esta noche al Leste; andaría once millas por hora. En trece horas de la noche andaría ciento cuarenta y tres millas, que son treinta y cinco leguas y cuarta. Vieron muchas aves y pardelas. El día corrió catorce millas por hora, y así anduvo aquel día ciento cincuenta y cuatro millas que son treinta y ocho leguas y media; de manera que fueron, entre día y noche, setenta y cuatro leguas, poco más o menos. Vicente Yáñez [halló] que hoy por la mañana le quedaba la isla de Flores al Norte y la de la Madera al Leste. Roldán dijo que la isla del Fayal o la de San Gregorio le quedaba al Nornordeste, y el Puerto Santo al Leste. Pareció mucha hierba.

Jueves, 7 de febrero

Navegó esta noche al Leste; andaría diez millas por hora, y así en trece horas ciento treinta millas, que son treinta y dos leguas y media. El día, ocho millas por hora, en once horas ochenta y ocho millas, que son veintidós leguas. En esta mañana, estaba el Almirante al Sur de la isla de Flores setenta y cinco leguas, y el piloto Pedro Alonso yendo al Norte pasaba entre la Tercera y la Santa María, y al Leste pasaba de barlovento de la isla de la Madera doce leguas de la parte del Norte. Vieron los marineros yerba de otra manera de la pasada, de la que hay mucha en las islas de los Azores. Después se vido de la pasada.

Viernes, 8 de febrero

Anduvo esta noche tres millas por hora al Leste por un rato y después caminó a la cuarta del Sueste. Anduvo toda la noche doce leguas. Salido el sol, hasta medio día corrió veintisiete millas; después hasta el sol puesto otras tantas, que son trece leguas al Sursueste.

Sábado, 9 de febrero

Un rato de esta noche andaría tres leguas al Sursueste; y después al Sur cuarta del Sueste; después al Nordeste hasta las diez horas del día otras cinco leguas, y después hasta la noche anduvo nueve leguas al Leste.

Domingo, 10 de febrero

Después del sol puesto, navegó al Leste toda la noche ciento treinta millas, que son 32 leguas y media. El sol salido, hasta la noche anduvo nueve millas por hora, y así anduvo en once horas noventa y nueve millas, que son veinticuatro leguas y media y una cuarta. En la carabela del Almirante carteaban y echaban punto [192] Vicente Yáñez y los pilotos Sancho Ruiz y Pedro Alonso Niño y Rondán,

---

[192] Situar en la carta de marear el paraje en que se considera que está la nave. En esta prospectiva todos anduvieron bastante desorientados. No obstante, fue Colón el que se acercó más a la posición real.

y todos ellos pasaban mucho adelante de las islas de los Azores al Leste por sus cartas; y navegando al Norte, ninguno tomara la isla de Santa María, que es la postrera de todas las de los Azores, antes serían delante con cinco leguas, y fueran en la comarca de la isla de la Madera o en el Puerto Santo. Pero el Almirante se hallaba muy desviado de su camino, hallándose mucho más atrás que ellos porque esta noche le quedaba la isla de Flores al Norte, y al Leste iba en demanda a Nafe en África, y pasaba a barlovento de la isla de la Madera de la parte del Norte [193] leguas, así que ellos estaban más cerca de Castilla que el Almirante con ciento cincuenta leguas. Dice que mediante la gracia de Dios, desde que vean tierra se sabrá quién andaba más cierto. Dice aquí también que primero anduvo doscienta sesenta y tres leguas de la isla de Hierro a la venida que viese la primera hierba, etc.

Lunes, 11 de febrero

Anduvo esta noche doce millas por hora a su camino, y así en toda ella contó treinta y nueve leguas, y en todo el día corrió diez y seis leguas y media. Vido muchas aves, de donde creyó estar cerca de tierra.

Martes, 12 de febrero

Navegó al Leste seis millas por hora esta noche, y andaría hasta setenta y tres millas, que son dieciocho leguas y un cuarto. Aquí comenzó a tener grande mar y tor-

---

[193] Falta en el texto original el número de leguas.

menta [194]; y si no fuera la carabela diz que muy buena y bien aderezada, temiera perderse. El día correría once o doce leguas, con mucho trabajo y peligro.

Miércoles, 13 de febrero

Después del sol puesto hasta el día, tuvo gran trabajo del viento y de la mar muy alta y tormenta; relampagueó hacia el Nornordeste tres veces; dijo ser señal de gran tempestad que había de venir de aquella parte o de su contrario. Anduvo a árbol seco [195] lo más de la noche, después dio una poca de vela y andaría 52 millas, que son trece leguas. En este día blandeó un poco el viento, pero luego creció y la mar se hizo terrible, y cruzaban las olas que atormentaban los navíos. Andaría 55 millas, que son trece leguas y media.

Jueves, 14 de febrero

Esta noche creció el viento y las olas eran espantables, contraria una de otra, que cruzaban y embarazaban el navío que no podía pasar adelante ni salir de entremedias de ellas y quebraban en él; llevaba el papahigo [196] muy bajo, para que solamente lo sacase algo de las ondas; andaría así tres horas y correría veinte millas. Crecía mucho la mar y el viento; y viendo el peligro grande, comenzó a correr

---

[194] Aquí les asalta una borrasca bastante frecuente en las Azores, en que los *frentes* de una masa de aire frío chocan contra otra de aire caliente.

[195] Con las velas recogidas.

[196] Cualquiera de las velas mayores excepto la *mesana,* cuando se navega con ellas solas.

a popa donde el viento le llevase, porque no había otro remedio. Entonces comenzó a correr también la carabela *Pinta* en que iba Martín Alonso, y desapareció, aunque toda la noche hizo faroles [197] el Almirante y el otro le respondía, hasta que parece que no pudo más por la fuerza de la tormenta y porque se hallaba muy fuera del camino del Almirante. Anduvo el Almirante esta noche al Nordeste cuarta del Leste cincuenta y cuatro millas, que son trece leguas. Salido el sol, fue mayor el viento y la mar cruzando más terrible; que llevaba el papahigo solo y bajo, para que el navío saliese de entre las ondas que cruzaban, porque no lo hundiesen. Andaba el camino del Lesnordeste y después a la cuarta hasta el Nordeste; andaría seis horas así, y en ellas siete leguas y media. Él ordenó que se echase un romero que fuese a Santa María de Guadalupe y llevase un cirio de cinco libras de cera y que hiciesen voto todos que al que cayese la suerte cumpliese la romería, para lo cual mandó traer tantos garbanzos cuantas personas en el navío tenían y señalar uno con un cuchillo, haciendo una cruz, y metellos en un bonete bien revueltos. El primero que metió la mano fue el Almirante y sacó el garbanzo de la cruz; y así cayó sobre él la suerte y desde luego se tuvo por romero y deudor de ir a cumplir el voto. Echose otra vez la suerte para enviar romero a Santa María de Loreto, que está en la marca de Ancona, tierra del Papa, que es casa donde Nuestra Señora ha hecho y hace muchos y grandes milagros, y cayó la suerte a un marinero del Puerto de Santa María que se llamaba Pedro de Villa, y el Almirante le prometió de le dar dineros para las costas. Otro romero acordó que se enviase a que velase una noche en Santa Clara de Moguer e hiciese decir una misa, para lo cual se tornaron a echar los garban-

---

[197] Hacer señales con la luz.

zos con el de la cruz, y cayó la suerte al mismo Almirante. Después de esto el Almirante y toda la gente hicieron voto de, en llegando a la primera tierra, ir todos en camisa en procesión a hacer oración en una iglesia que fuese de la invocación de Nuestra Señora. Allende los votos generales o comunes, cada uno hacía en especial su voto, porque ninguno pensaba escapar, teniéndose todos por perdidos, según la terrible tormenta que padecían. Ayudaba a acrecentar el peligro que venía el navío con falta de lastre, por haberse alivianado la carga, siendo ya comidos los bastimentos y el agua y vino bebido, lo cual, por cudicia del próspero tiempo que entre las islas tuvieron, no proveyó el Almirante, teniendo propósito de lo mandar lastrar en la isla de las Mujeres, adonde lleva(ba) propósito de ir. El remedio que para esta necesidad tuvo fue, cuando hacerlo pudieron, henchir las pilas que tenían, vacías de agua y vino, de agua de la mar, y con esto en ella se remediaron. Escribe aquí el Almirante las causas que le ponían temor de que allí Nuestro Señor no quisiese que pereciese y otras que le daban esperanza de que Dios lo había de llevar en salvamento para que tales nuevas como llevaba a los Reyes no pereciesen. Parecíale que el deseo grande que tenía de llevar estas nuevas tan grandes y mostrar que había salido verdadero en lo que había dicho y proferídose a descubrir, le ponía grandísimo miedo de no lo conseguir, y que cada mosquito diz que le podía perturbar e impedir. Atribúyelo esto a su poca fe y desfallecimiento de confianza de la Providencia divina. Confortábale, por otra parte, las mercedes que Dios le había hecho en dalle tanta victoria, descubriendo lo que descubierto había y cumplídole Dios todos sus deseos, habiendo pasado en Castilla en sus despachos muchas adversidades y contrariedades. Y que como antes hubiese puesto su fin y enderezado todo su negocio a Dios y le había oído y dado todo lo que le había pedido, debía creer que le daría cumplimiento de lo comenzado y le llevaría en Salvamento; mayormente que, pues le había librado a la ida, cuando tenía mayor razón de temer de los trabajos que con los marineros y gente que llevaba, los cuales todos a una voz estaban determinados de se volver, y alzarse contra él, haciendo prestaciones, y el eterno Dios le dio esfuerzo y valor contra todos y otras cosas de mucha maravilla que Dios había mostrado en él y por él en aquel viaje, allende aquellas que sus Altezas sabían de las personas de su casa. Así que dice que no debiera temer la dicha tormenta; mas su flaqueza y congoja, dice él, *«no me dejaba asensar la anima»*. Dice más, que también le daba gran pena dos hijos que tenía en Córdoba al estudio [198], que los dejaba huérfanos de padre y madre en tierra extraña, y los Reyes no sabían los servicios que les había en aquel viaje hecho y nuevas tan prósperas que les llevaba para que se moviesen a los remediar. Por eso y porque supiesen sus Altezas cómo Nuestro Señor le había dado victoria de todo lo que deseaba de las Indias y supiesen que ninguna tormenta había en aquellas partes, lo cual dice que se puede cognoscer por la hierba y árboles que están nacidos y crecidos hasta dentro en la mar, los Reyes hubiesen noticia de su viaje, tomó un pergamino y escribió en él todo lo que pudo de todo lo que había hallado, rogando mucho a quien lo hallase [199] que le llevase a los reyes. Este pergamino

---

[198] Diego y Hernando Colón habían quedado con Beatriz Enríquez de Arana, madre de Hernando. Es la referencia más clara que observamos acerca del cuidado y ocupación de sus hijos durante su ausencia.

[199] Ni que decir tiene que se perdió. Solo de vez en cuando alguno, demasiado listo, hace su agosto a costa de los demasiado crédulos y brinda al mundo entero su genial descubrimiento. Hace un siglo un avispado inglés engañó a muchos con esta treta, y para más *inri* el *original*

envolvió en un paño encerado, atado muy bien, y mandó
traer un gran barril de madera y púsolo en él sin ninguna
persona supiese qué era, sino que pensaron todos que era
alguna devoción; y así lo mandó echar en la mar. Después, con los aguaceros y turbionadas, se mudó el viento
al Oueste y andaría así a popa solo con el trinquete cinco
horas con la mar muy desconcertada, y andaría dos leguas
y media al Nordeste. Había quitado el papahigo de la vela
mayor, por miedo que alguna onda de la mar no se lo llevase del todo.

Viernes, 15 de febrero

Ayer, después del sol puesto, comenzó a mostrarse
claro el cielo de la banda del Oueste, y mostraba que quería de hacia allí ventar. Dio la boneta a la vela mayor; todavía la mar era altísima, aunque iba algo bajándose. Anduvo al Lesnordeste cuatro millas por hora, y en trece
horas de noche fueron trece leguas. Después del sol salido, vieron tierra; parecíales por proa al Lesnordeste; algunos decían que era la isla de la Madera, otros que era la
Roca de Cintra en Portugal, junto a Lisboa. Saltó luego el
viento por proa Lesnordeste, y la mar venía muy alta al
Oueste; habría de la carabela a la tierra cinco leguas. El
Almirante, por su navegación, se hallaba estar con las islas de los Azores, y creía que aquella era una de ellas. Los
pilotos y marineros se hallaban ya en tierra de Castilla.

---

de nuestro Almirante estaba escrito en inglés. ¡Debía suponer —don
Cristóbal, por cierto— que en el futuro el idioma universal sería el inglés! Este y otros muchos hechos similares han convertido a Colón y lo
colombino en un tema de periódica actualidad.

Sábado, 16 de febrero

Todo esta noche anduvo dando bordos [200] por encabalgar la tierra [201] que ya se conocía ser isla. A veces iba
al Nordeste, otras al Nornordeste, hasta que salió el sol,
que tomó la vuelta del Sur por llegar a la isla que ya no
vían por la gran cerrazón, y vido por popa otra isla que
distaría ocho leguas. Después del sol salido hasta la noche
anduvo dando vueltas por llegarse a la tierra con el mucho viento y mar que llevaba. Al decir de la Salve, que es
a boca de noche [202], algunos vieron lumbre de sotavento
y parecía que debía ser la isla que vieron ayer primero, y
toda la noche anduvo barloventeando y allegándose lo
más que podía para ver si al salir del sol veía alguna de
las islas. Esta noche reposó el Almirante algo, porque
desde el miércoles no había dormido ni podido dormir y
quedaba muy tullido de las piernas por estar siempre des-
abrigado al frío y al agua y por el poco comer. El sol salido, navegó al Sursudueste y a la noche llegó a la isla, y
por la gran cerrazón no pudo conocer qué isla era.

Lunes, 18 de febrero

Después, ayer, del sol puesto, anduvo rodeando la isla
para ver donde había de surgir [203] y tomar lengua. Surgió

---

[200] Dar vueltas de una a otra parte con muchos trabajos y peligros
cuando el mar está tormentoso.

[201] Alcanzar la tierra.

[202] Anochecer.

[203] Fondear. La isla de Santa María de las Azores no posee ningún
puerto natural; tan solo cuenta con algunos fondeadores, poco seguros
cuando el viento sopla hacia la costa.

con una ancla que luego perdió. Tornó a dar la vela y bar-
loventeó toda la noche. Después del sol salido, llegó otra
vez de la parte Norte de la isla, y donde le pareció surgió
con un ancla y envió la barca en tierra y hobieron habla con
la gente de la isla, y supieron cómo era la isla de Santa
María, una de las de los Azores, y enseñáronles el puerto
donde habían de poner la carabela; y dijo la gente de la
isla que jamás habían visto tanta tormenta como la que
había hecho los quince días pasados y que se maravilla-
ban cómo habían escapado; los cuales diz que dieron muchas gracias a Dios y hicieron muchas alegrías por las nuevas que sabían que haber al Almirante descubierto las
Indias. Dice el Almirante que aquella su navegación había sido muy cierta y que había carteado bien, que fuesen
dadas muchas gracias a Nuestro Señor, aunque se hacía
algo delantero, pero tenía por cierto que estaba en la comarca de las islas de las Azores y que aquella era una de
ellas. Y diz que fingió haber andado más camino por des-
atinar a los pilotos y marineros que carteaban, por quedar
él señor de aquella derrota de las Indias, como de hecho
queda, porque ninguno de todos ellos traía su camino cierto,
por lo cual ninguno puede estar seguro de su derrota para
las Indias.

Martes, 19 de febrero

Después del sol puesto, vinieron a la ribera tres hombres de la isla y llamaron. Envioles la barca, en la cual vinieron y trujeron gallinas y pan fresco; y era día de Car-
nestolendas, y trujeron otras cosas que enviaba el capitán
de la isla, que se llama Juan de Castañeda, diciéndolo que
lo conocía muy bien y que por ser de noche no venía a
verlo, pero que, en amaneciendo, vendría y traería más re-

fresco, y traería consigo tres hombres que allá quedaban
de la carabela, y que no los enviaba por el gran placer que
con ellos tenía oyendo las cosas de su viaje. El Almirante
mandó hacer mucha honra a los mensajeros y mandoles
dar camas en que durmiesen aquella noche, porque era
tarde y estaba la población lejos. Y porque el jueves pasado, cuando se vio en la angustia de la tormenta, hicieron el voto y votos susodichos y el de que en la primera
tierra donde hubiese casa de Nuestra Señora saliesen en
camisa, etc., acordó que la mitad de la gente fuese a cumplirlo a una casita que estaba junto con la mar como ermita, y él iría después con la otra mitad. Viendo que era
tierra segura y confiando en las ofertas del capitán y en la
paz que tenía Portugal con Castilla, rogó a los tres hombres que se fuesen a la población y hiciesen venir un clé-
rigo para que les diese una misa. Los cuales, idos en camisa, en cumplimiento de su romería, y estando en su
oración, saltó contra ellos todo el pueblo a caballo y a pie
con el capitán y prendiéronlos a todos. Después, estando
el Almirante sin sospecha esperando la barca para salir él
a cumplir su romería con la otra gente hasta las once del
día, viendo que no venían, sospechó que los detenían o que
la barca se había quebrado, por[que] toda la isla está cercada de peñas muy altas. Esto no podía ver el Almirante
porque la ermita estaba detrás de una punta. Levantó el
ancla y dio la vela hasta en derecho de la ermita y vido
muchos de caballo que se apearon y entraron en la barca
con armas y vinieron a la carabela para prender al Almirante. Levantose el capitán en la barca y pidió seguro al
Almirante. Dijo que se lo daba, pero ¿qué innovación era
aquella que no venía ninguna de su gente en la barca?, y
añadió el Almirante que viniese y entrase en la carabela,
que él haría todo lo que él quisiese. Y pretendía el Almirante con buenas palabras traello por prenderlo para recu-

perar su gente, no creyendo que violaba la fe dándole seguro, pues él, habiéndole ofrecido paz y seguridad, lo había quebrantado. El capitán como diz que traía mal propósito, no se fio a entrar; visto que no se llegaba a la carabela, rogole que le dijese la causa porque detenía su gente, y que dello pesaría al Rey de Portugal, y que en tierra de los Reyes de Castilla recibían los portugueses mucha honra y entraban y estaban seguros como en Lisboa, y que los Reyes habían[le] dado cartas de recomendación para todos los príncipes y señores y hombres del mundo, las cuales le mostraría si se quisiese llegar, y que él era su Almirante del mar Océano y Visorrey de las Indias, que agora eran de sus Altezas, de lo cual mostraría las provisiones firmadas de sus firmas y selladas con sus sellos, las cuales le enseñó de lejos, y que los Reyes estaban en mucho amor y amistad con el Rey de Portugal y le habían mandado que hiciese toda la honra que pudiese a los navíos que topase de Portugal, y que, dado que no le quisiese darle su gente, no por eso dejaría de ir a Castilla, pues tenía harta gente para navegar hasta Sevilla, y serían él y su gente bien castigados, haciéndole aquel agravio. Entonces respondió el capitán y los demás no conocer acá Rey e Reina de Castilla, ni sus cartas, ni le habían miedo, antes le darían a saber qué era Portugal, cuasi amenazando. Lo cual oído, el Almirante hubo mucho sentimiento y diz que pensó si había pasado algún desconcierto entre un reino y otro después de su partida, y no se pudo sufrir que no les respondiese lo que era razón. Después tornose diz que a levantar aquel capitán desde lejos y dijo al Almirante que se fuese con la carabela al puerto, y que todo lo que él hacía y había hecho, el Rey su Señor se lo había enviado demandar; de lo cual el Almirante tomó testigos los que en la carabela estaban y tornó el Almirante a llamar al capitán y a todos ellos y les dio su fe y prometió, como quien era, de no descender ni salir de la carabela hasta que llevase un ciento de portugueses a Castilla y despoblar toda aquella isla. Y así se volvió a surgir en el puerto donde estaba primero, porque el tiempo y viento era muy malo para hacer otra cosa.

Miércoles, 20 de febrero

Mandó aderezar el navío y henchir las pipas de agua de las mar por lastre, porque estaba en muy mal puerto y temió que se le cortasen las amarras; y así fue, por lo cual dio la vela hacia la isla de San Miguel, aunque en ninguna de la de los Azores hay buen puerto para el tiempo que entonces hacía, y no tenía otro remedio sino huir a la mar.

Jueves, 21 de febrero

Partió ayer de aquella isla de Santa María para la isla de San Miguel, para ver si hallara puerto para poder sufrir tan mal tiempo como hacía, con mucho viento y mucha mar, y anduvo hasta la noche sin poder ver tierra una ni otra por la gran cerrazón y oscurana [204] que el viento y la mar causaban. El Almirante dice que estaba con poco placer, porque no tenía sino tres marineros solos de los que supiesen de la mar, porque los que más allí estaban no sabían de la mar nada. Estuvo a la corda toda esta noche con muy mucha tormenta y grande peligro y trabajo, y en lo que Nuestro Señor le hizo merced fue que la mar o las ondas de ella venían de sola una parte, porque si cruzaran como las pasadas, muy mayor mal padeciera. Después del

---

[204] Niebla.

DIARIO DE A BORDO

sol salido, visto que no veía la isla de San Miguel, acordó tornarse a la Santa María por ver si podía cobrar su gente y la barca y las amarras y anclas que allá dejaba. Dice que estaba maravillado de tan mal tiempo como había en aquellas islas y partes, porque en las Indias navegó todo aquel invierno sin surgir, e había siempre buenos tiempos, e que una sola hora no vido la mar que no se pudiese bien navegar, y en aquellas islas había padecido tan grave tormenta, y lo mismo le acaeció a la ida hasta las Islas de Canaria; pero, pasado de ellas, siempre halló los aires y la mar con gran templanza. Concluyendo, dice el Almirante que bien dijeron los sacros teólogos y los sabios filósofos que el Paraíso Terrenal [205] está en el fin de Oriente, porque es lugar temperadísimo. Así que aquellas tierras que agora él había descubierto, es —dice él— el fin del Oriente.

Viernes, 22 de febrero

Ayer surgió en la isla de Santa María en el lugar o puerto donde primero había surgido, y luego vino un hombre a capear desde unas peñas que allí estaban fronteras, diciendo que no se fuesen de allí. Luego vino la barca con cinco marineros y dos clérigos y un escribano; pidieron seguro, y dado por el Almirante, subieron a la carabela; y porque era noche durmieron allí; y el Almirante les hizo la honra que pudo. A la mañana le requirieron que les

---

[205] Las deducciones que Colón hace en este sentido serán todo lo simples y fantásticas que se quiera, pero muy arraigadas a lo largo de toda su vida. Semejante convencimiento le llevará a interpretar la realidad geográfica del descubrimiento del Nuevo Mundo bajo este prisma.

mostrase poder de los Reyes de Castilla para que a ellos les constase cómo con poder de ellos había hecho aquel viaje. Sintió el Almirante que aquello hacían por mostrar color que no habían en lo hecho errado, sino que tuvieron razón, porque no habían podido haber la persona del Almirante, la cual debieran pretender coger a las manos, *pues vinieron con la barca armada, sino que no vieron que el juego les saliera bien,* y con temor de lo que el Almirante les había dicho y amenazado; lo cual tenía propósito de hacer, y creía que saliera con ello. Finalmente, por haber la gente que le tenían, hubo de mostrarles la carta general de los Reyes para todos los príncipes y señores de encomienda y otras provisiones; y dioles de lo que tenía y fuéronse a tierra contentos, y luego dejaron toda la gente con la barca, de los cuales supo que, si tomara al Almirante, nunca lo dejaran libre, porque dijo el capitán que el Rey su señor se lo había así mandado.

Sábado, 23 de febrero

Ayer comenzó a querer abonanzar el tiempo. Levantó las anclas y fue a rodear la isla para buscar algún buen surgidero [206] para tomar leña y piedra para lastre, y no pudo tomar surgidero hasta horas de completas [207].

---

[206] Abrigo.
[207] Última parte del oficio divino, con que se terminan las horas canónicas del día. Variaba de una estación a otra. En esta ocasión es sobre las 6 de la tarde.

Domingo, 24 de febrero

Surgió ayer en la tarde para tomar leña y piedra, y porque la mar era muy alta no pudo la barca llegar en tierra; y al rendir de la primera guardia de noche [208], comenzó a ventar Oueste y Sudueste. Mandó levantar las velas por el gran peligro que en aquellas islas hay en esperar el viento Sur sobre el ancla, y en ventando Sudueste luego vienta Sur. Y visto que era buen tiempo para ir a Castilla, dejó a tomar leña y piedra y hizo que gobernasen al Leste; y andaría hasta el sol salido, que habría seis horas y media, siete millas por hora, que son cuarenta y cinco millas y media. Después del sol salido hasta el ponerse, anduvo seis millas por hora, que en once horas fueron sesenta y seis millas, y cuarenta y cinco y media de la noche fueron ciento once y media, y, por consiguiente, veintiocho leguas.

Lunes, 25 de febrero

Ayer, después del sol puesto, navegó al Leste su camino cinco millas por hora; en trece horas de esta noche andaría sesenta y cinco millas, que son diez y seis leguas y cuarta. Después del sol salido, hasta ponerse, anduvo otras diez y seis leguas y media, con la mar llana, gracias a Dios. Vino a la carabela un ave muy grande que parecía águila.

---

[208] Terminar la primera guardia de la noche. Cada una duraba 8 ampolletas o 4 horas. Según Morison, la primera es ocupada de 7 a 11 de la noche.

Martes, 26 de febrero

Esta noche y día anduvo fuera de camino por los vientos contrarios y grandes olas y mar [209], y hallábase ciento veinticinco leguas al Cabo de San Vicente y ochenta de la isla de la Madera y ciento y seis de la Santa María. Estaba muy penado con tanta tormenta agora que estaba a la puerta de casa.

Jueves, 28 de febrero

Anduvo de la mesa manera esta noche con diversos vientos al Sur y al Sueste y a una parte y a otra, y al Nordeste y al Lesnordeste, y de esta manera todo este día.

Viernes, 1 de marzo

Anduvo esta noche al Leste cuarta al Nordeste doce leguas; el día corrió al Leste cuarta del Nordeste veintitrés leguas y media.

Sábado, 2 de marzo

Anduvo esta noche a su camino al Leste cuarta del Nordeste, veintiocho leguas, y el día corrió veinte leguas.

---

[209] Comienza a sufrir otra nueva borrasca, que resultará, si cabe, más peligrosa que la de Azores.

Domingo, 3 de marzo

Después del sol puesto, navegó a su camino al Leste; vínole una turbiada [210] que le rompió todas las velas, y vídose en gran peligro, mas Dios los quiso librar. Echó suertes para enviar un peregrino diz que a Santa María de la Cinta en Huelva, que fuese en camisa, y cayó la suerte al Almirante. Hicieron todos también voto de ayunar el primer sábado que llegasen, a pan y agua. Andaría sesenta millas antes que se le rompiesen las velas; después anduvieron a árbol seco, por la gran tempestad del viento y la mar que de dos partes los comía. Vieron señales de estar cerca de tierra. Hallábanse todo cerca de Lisboa.

Lunes, 4 de marzo

Anoche padecieron terrible tormenta, que se pensaron perder de los mares de dos partes que venían y los vientos, que parecía que levantaban la carabela en los aires, y agua del cielo y relámpagos de muchas partes; plugo a Nuestro Señor de lo sostener, y anduvo así hasta la primera guardia, que Nuestro Señor le mostró tierra viéndola los marineros. Y entonces por no llegar a ella hasta conocerla, por ver si hallaban algún puerto o lugar donde se salvar, dio el papahigo por no tener otro remedio y andar algo [211], aunque con gran peligro, haciéndose a la mar; y así los guardó Dios hasta el día que diz que fue con infinito trabajo y espanto. Venido el día, conoció la tierra, que era la Roca de Sintra, que es junto con el río de Lisboa,

---

[210] Tormenta repentina.
[211] Esta decisión de excelente marino salvó a la *Niña* de estrellarse contra las rocas.

adonde determinó entrar, porque no podía hacer otra cosa; tan terrible era la tormenta que hacía en la villa de Cascaes, que es a la entrada del río. Los del pueblo diz que estuvieron toda aquella mañana haciendo plegarias por ellos, y después que estuvo dentro, venía la gente a verlos, por maravilla de como había escapado; y así, a hora de tercia, vino a pasar a Rastelo [212] dentro del río de Lisboa, donde supo de la gente de la mar que jamás hizo invierno de tantas tormentas y que se habían perdido veinticinco naos en Flandes y otras señalaban allí que había cuatro meses que no habían podido salir. Luego escribió el Almirante al Rey de Portugal, que estaba nueve leguas de allí, de cómo los Reyes de Castilla le habían mandado que no dejase de entrar en los puertos de Su Alteza a pedir lo que hubiese menester por sus dineros, y que el Rey le mandase dar lugar para ir con la carabela a la ciudad de Lisboa, porque algunos ruines, pensando que traía mucho oro, estando en puerto, despoblado, se pusiesen a cometer alguna ruindad, y también por que supiese que no venía de Guinea, sino de las Indias.

Martes, 5 de marzo

Hoy, después que el patrón de la nao grande del Rey de Portugal, la cual estaba también surta en Rastelo y la más bien artillada de artillería y armas que diz que nunva nao se vido, vino el patrón de ella, que se llamaba Bartolomé Díaz [213] de Lisboa, con el batel armado a la carabela,

---

[212] A la hora de tercia (hacia las 8-9 de la mañana) llegaba Colón a Rastelo, actual Belem, antepuerto de Lisboa.

[213] El primero que dobló la punta más meridional de África o Cabo de Buena Esperanza en 1488.

y dijo al Almirante que entrase en el batel para ir a dar cuenta a los hacedores del Rey y al capitán de la dicha nao. Respondió el Almirante que él era Almirante de los Reyes de Castilla y que no daba él tales cuentas a tales personas, ni saldría de las naos ni navíos donde estuviese si no fuese por fuerza de no poder sufrir las armas. Respondió el patrón que enviase al maestre de la carabela. Dijo el Almirante que ni al maestre ni a otra persona, si no fuese por fuerza, porque en tanto tenía el dar persona que fuese como ir él, y que esta era la costumbre de los Almirantes de los Reyes de Castilla, de antes morir que se dar ni dar gente suya. El patrón se moderó y dijo que, pues estaba en aquella determinación, que fuese como él quisiese; pero que le rogaba que le mandase mostrar las cartas de los Reyes de Castilla, si las tenía. El Almirante plugo de mostrárselas, y luego se volvió a la nao e hizo relación al capitán que se llamaba Álvaro Damán, el cual con mucha orden, con atabales y trompetas y añafiles, haciendo gran fiesta, vino a la carabela y habló con el Almirante y le ofreció de hacer todo lo que él mandase.

Miércoles, 6 de marzo

Sabido como el Almierante venía de las Indias, hoy vino tanta gente a verlo y a ver los indios, de la ciudad de Lisboa, que era cosa de admiración, y las maravillas que todos hacían dando gracias a Nuestro Señor y diciendo que, por la gran fe que los Reyes de Castilla tenían y deseo de servir a Dios, que Su Alta Magestad los daba todo esto.

Jueves, 7 de marzo

Hoy vino infintísima gente a la carabela y muchos caballeros, y entre ellos los hacedores del Rey, y todos daban infinitísimas gracias a Nuestro Señor por tanto bien y acrecentamiento de la Cristiandad que Nuestro Señor había dado a los Reyes de Castilla, el cual diz que apropinaban porque Sus Altezas se trabajaban y ejercitaban en el acrecentamiento de la religión de Cristo.

Viernes, 8 de marzo

Hoy recibió el Almirante una carta del Rey de Portugal [214] con don Martín de Noroña, por lo cual le rogaba que se llegase adonde él estaba, pues el tiempo no era para partir con la carabela; y así lo hizo, por quitar sospecha, puesto que no quisiera ir, y fue a dormir a Sacamben. Mandó el rey a sus hacedores que todo lo que hubiese el Almirante menester y su gente y la carabela se le diese sin dineros y se hiciese todo como el Almirante quisiese.

Sábado, 9 de marzo

Hoy partió de Sacamben para ir adonde el Rey estaba que era el valle del Paraíso, nueve leguas de Lisboa; porque llevió no pudo llegar hasta la noche. El Rey le mandó recibir a los principales de su casa muy honradamente, y el Rey también le recibió con mucha honra, y le hizo mucho favor y mandó sentar y habló muy bien, ofreciéndole que mandaría hacer todo lo que a los Reyes de Castilla y

---

[214] Don Juan II.

a su servicio cumpliese cumplidamente y más que por cosa suya; y mostró haber mucho placer del viaje haber habido buen término y se haber hecho; mas que entendía que en la capitulación que había entre los Reyes y él que aquella conquista le pertenecía. A lo cual respondió el Almirante que no había visto la capitulación ni sabía otra cosa, sino que los Reyes le habían mandado que no fuese a la Mina [215] ni en toda Guinea [216], y que así se había mandado apregonar en todos los puertos del Andalucía antes que para el viaje partiese. El Rey graciosamente respondió que tenía él por cierto que no habría en esto menester terceros. Diole por huésped al prior del Crato, que era la más principal persona que allí estaba, del cual el Almirante recibió muy muchas honras y favores.

Domingo, 10 de marzo

Hoy, después de misa, le tornó a decir el Rey, si había menester algo que luego se le daría, y departió mucho con el Almirante sobre su viaje, y siempre le mandaba estar sentado y hacer mucha honra.

Lunes, 11 de marzo

Hoy se despidió del Rey, y le dijo algunas cosas que dijese de su parte a los Reyes, mostrándole siempre mucho amor. Partiose después de comer, y envió con él a

---

[215] San Jorge de la Mina, en la costa del golfo de Guinea.

[216] Por Guinea los portugueses entendían todo el mar y costa africana al sur de las Canarias. Estas condiciones habían sido concertadas entre Castilla y Portugal en el Tratado de Alcaçova (1479).

D. Martín de Noroña, y todos aquellos caballeros le vinieron a acompañar y hacer honra buen rato. Después vino a un monasterio de San Antonio, que es sobre un lugar que se llama Villafranca, donde estaba la Reina, y fuele a hacer reverencia y besarle las manos, porque le había enviado a decir que no se fuese hasta que la viese, con la cual estaba el Duque y el Marqués, donde recibió el Almirante mucha honra. Partiose de ella el Almirante, de noche, y fue a dormir a Llandra.

Martes, 12 de marzo

Hoy, estando para partir de Llandra para la carabela, llegó un escudero del Rey que le ofreció de su parte que, si quisiese ir a Castilla por tierra, que aquel fuese con él para lo aposentar y mandar dar bestias y todo lo que hubiese menester. Cuando el Almirante de él se partió, le mandó dar una mula y otra a su piloto, que llevaba consigo y diz que al piloto mandó hacer merced de veinte espadines, según supo el Almirante. Todo diz que se decía que lo hacía porque los Reyes lo supiesen. Llegó a la carabela en la noche.

Miércoles, 13 de marzo

Hoy, a las ocho horas, con la marea de ingente [217] y el viento Nornorueste, levantó las anclas y dio la vela para ir a Sevilla.

---

[217] Marea de *ingente* o de *montante* es marea alta y que sube.

Jueves, 14 de marzo

Ayer, después del sol puesto, siguió su camino al Sur, y antes del sol salido se halló sobre el Cabo de San Vicente, que es en Portugal. Después navegó al Leste para ir a Saltés, y anduvo todo el día con poco viento hasta agora que está sobre Faro.

Viernes, 15 de marzo

Ayer, después del sol puesto, navegó a su camino hasta el día con poco viento, y al salir del sol se halló sobre Saltés, y a hora de medio día, con la marea de montante, entró por la barra de Saltés hasta dentro del puerto de donde había partido a tres de agosto del año pasado. Y así dice él que acababa agora esta escritura, salvo que estaba de propósito de ir a Barcelona por la mar, en la cual ciudad le daban nuevas que sus Altezas estaban, y esto para les hacer relación de todo su viaje que Nuestro Señor le había dejado hacer y le quiso alumbrar en él. Porque ciertamente, allende que él sabía y tenía firme y fuerte sin escrúpulo que Su Alta Majestad hace todas las cosas buenas y que todo es bueno salvo el pecado y no que se puede abalar ni pensar cosa que no sea con su consentimiento, *«esto de este viaje conozco, dice el Almirante, que milagrosamente lo ha mostrado, así como se puede comprender por esta escriptura, por muchos milagros señalados que ha mostrado en el viaje, y de mí, que ha tanto tiempo que estoy en la Corte de Vuestras Altezas con opósito y contra sentencia de tantas personas principales de vuestra casa, los cuales todos eran contra mí, poniendo este hecho que era burla, el cual espero en Nuestro Señor que será la mayor honra de la Cristiandad que así ligeramente haya jamás aparecido».* Estas son finales palabras del Almirante don Cristóbal Colón, de su primer viaje a las Indias y al descubrimiento de ellas.

DEO GRACIAS

Carta de Colón
a Luis de Santángel [1]

🐌

15 de febrero-14 de marzo de 1493

PORQUE sé que habréis placer de la grande victoria que Nuestro Señor me ha dado en mi viaje, vos escribo esta, por la cual sabréis cómo en 33 [2] días pasé a las Indias [3] con la armada que los ilustrísimos Rey y Reina, nuestros

---

[1] Colón escribió varias cartas anunciando al mundo el descubrimiento de las Indias. Una de ellas se la dirigió al escribano de ración de los Reyes Católicos, Luis de Santángel, con fecha 15 de febrero de 1493 y con un postescripto al final de 14 de marzo. Otra de carácter muy similar se la envió al tesorero de Aragón Gabriel Sánchez. Ambos personajes habían demostrado ser buenos amigos y protectores eficaces del descubridor, en especial Santángel, gracias a cuya intervención de última hora pudo iniciar Colón tan memorable viaje.

Por su interés oficial e informativo pronto se hicieron copias y se dio a componer a la imprenta. Una buena copia coetánea se guarda en el *Archivo General de Simancas. Estado. leg. 10, fol. 164;* y la primera edición impresa salió de los talleres barceloneses de Pedro Posa en abril de 1493. Ambas piezas —la copia manuscrita y la impresa—, con escasas variantes entre sí, se ajustaban a un mismo original colombino, hoy perdido. Partiendo de la edición impresa de Barcelona (1493) se hicieron otras latinas, italianas, alemanas y nuevamente en castellano en 1497.

[2] Tanto en la copia manuscrita como en el original impreso pone *veinte* por error que corrige al final en el *anima* o *postescriptum*.

[3] Cuando un europeo se refería a India o Indias apenas podía concretar geográficamente. Se imaginaba una zona ancha del Asia oriental

señores, me dieron, donde yo hallé muy muchas islas pobladas con gente sin número [4], y dellas todas he tomado
posesión por sus Altezas con pregón y bandera real extendida, y no me fue contradicho [5].

A la primera que yo hallé puse nombre San Salvador,
a conmemoración de Su Alta Magestad, el cual maravi-
llosamente todo esto ha dado; los Indios la llaman Guanahaní. A la segunda puse nombre la isla de Santa María
de Concepción; a la tercera, Fernandina; a la cuarta, la
Isabela [6]; a la quinta, la isla Juana [7], y así a cada una nombre nuevo.

Cuando yo llegué a la Juana seguí yo la costa della al
poniente, y la hallé tan grande que pensé que sería tierra
firme, la provincia de Catayo; y como no hallé así villas
y lugares en la costa de la mar, salvo pequeñas poblaciones, con la gente de las cuales no podía haber habla, porque luego huían todos, andaba yo adelante por el dicho
camino, pensando de no errar grandes Ciudades o villas;
y al cabo de muchas leguas, visto que no había innovación, y que la costa me llevaba al septentrión, de adonde
mi voluntad era contraria, porque el invierno era ya encar-
nado, y yo tenía propósito de hacer del al austro, y tam-

---

donde ubicaba el imperio poderoso del Gran Khan, riquezas, especias
y muchas leyendas medievales. Colón publica que ha localizado el Cipango (en la isla Española). Por primera vez, aparece en *letra impresa*
la palabra *Indias*.

[4] Exageración triunfalista del Almirante de cara a lectores bien dispuestos —que eran casi todos—. Para recorrer el mismísimo Oriente,
harto pocos se encontró.

[5] Véase también el relato del *Diario* (11 de octubre y nota 44).
A los indios, esa ceremonia los dejó estupefactos. Ahora importa mucho la reacción de los Estados cristianos europeos.

[6] En el original impreso pone Isla Bella, lo mismo que en el *Diario*
(19 de octubre). En la copia de Simancas, Isabela.

[7] Isla de Cuba.

bién el viento me dio adelante, determiné de no aguardar otro tiempo, y volví atrás hasta un señalado puerto, de adonde envié dos hombres [8] por la tierra para saber si había rey o grandes ciudades. Anduvieron tres jornadas y hallaron infinitas poblaciones pequeñas y gente sin número, mas no cosa de regimiento [9], por lo cual se volvieron.

Yo entendía harto de otros indios, que ya tenía tomados, cómo continuamente esta tierra era Isla; y así seguí la costa della al Oriente ciento y siete leguas hasta donde hacía fin [10]; del cual cabo vi otra isla al Oriente distante desta diez e ocho leguas, a la cual luego puse nombre la Española [11]; y fui allí, y seguí la parte del septentrión, así como de la Juana, al Oriente ciento e ochenta y ocho [12] grandes leguas por línea recta, la cual y todas las otras son fertilísimas [13] en demasiado grado, y está en extremo; en ella hay muchos puertos en la costa de la mar sin comparación de otros que yo sepa en cristianos, y hartos ríos y buenos y grandes que es maravilla; las tierras della son al-

---

[8] Se trata de Rodrigo de Jerez y de Luis de Torres, que había sido judío y sabía hebreo, caldeo y algo de árabe (*Diario,* 2 de noviembre).

[9] Organización y gobierno. No era esa la idea difundida por Europa sobre el avanzado Catay.

[10] Aquí rectifica lo expuesto en el *Diario* el 5 de diciembre cuando afirmaba que Cuba era tierra firme. Su razonamiento era muy simple: si la tierra continental (Catay) distaba de la isla del Cipango 1.500 millas o 375 leguas, según Marco Polo y Toscanelli, una vez que localiza Cipango en la isla Española, Cuba no puede ser ya Tierra Firme, pues las dos estaban separadas tan solo por 18 leguas de mar.

[11] Isla Española o Santo Domingo, actualmente compartida por Haití y República Dominicana.

[12] En el original impreso y en la copia manuscrita pone 178. Pero es un error que se corrige más adelante.

[13] Fortissima en los textos castellanos. La transcripción latina da fertilísimas. Algunos dudan sobre una y otra acepción, porque no está del todo claro que se refiera a la tierra o a la costa.

tas y en ella muy muchas sierras y montañas altísimas, sin comparación de la isla de Tenerife de mil hechuras, y todas andables y llenas de árboles de mil maneras y altas, y parecen que llegan al cielo; y tengo por dicho que jamás pierden la hoja, según lo pude comprender, que los vi tan verdes y tan hermosos como son por mayo en España. Y dellos estaban floridos, dellos con fruto, y dellos en otro término, según es su calidad; y cantaban el ruiseñor y otros pajaricos de mil maneras en el mes de noviembre por allí donde yo andaba. Hay palmas de seis o de ocho maneras, que es admiración verlas, por la diformidad fermosa dellas, mas así como los otros árboles y frutos e yerbas; en ella hay pinares a maravilla, y hay campiñas grandísimas, y hay miel, y de muchas maneras de aves y frutas muy diversas. En las tierras hay muchas minas de metales y hay gente *instimabile número*.

La Española es maravilla: las sierras y las montañas y las vegas y las campiñas y las tierras tan hermosas y gruesas para plantar y sembrar, para criar ganados de todas suertes, para edificios de villas y lugares. Los puertos de la mar, aquí no habría creencia sin vista, y de los ríos muchos y grandes y buenas aguas; los más de los cuales traen oro. En los árboles y frutos y hierbas hay grandes diferencias de aquellas de la Juana: en esta hay muchas especierías y grandes minas de oro y de otros metales.

La gente desta isla y de todas las otras que he hallado y habido he noticia, andan todos desnudos, hombres y mugeres, así como sus madres los paren, aunque algunas mugeres se cobran [14] un solo lugar con una hoja de hierba o una cosa de algodón que para ello hacen. Ellos no tienen hierro ni acero ni armas ni son para ello; no porque no sea gente bien dispuesta y de hermosa estatura, salvo que

---

[14] En la copia de Simancas transcribe *se cobijan*.

son muy temerosos a maravilla. No tienen otras armas salvo las armas de las cañas cuando están con la simiente, a [la] cual ponen al caballo un palillo agudo, y no osan usar de aquellas; que muchas veces me acaeció enviar a tierra dos o tres hombres a alguna villa para haber habla, y salir a ellos dellos sin número, y después que los veían llegar huían a no aguardar padre a hijo; y esto no porque a ninguno se haya hecho mal, antes a todo cabo adonde yo haya estado y podido haber habla, les he dado de todo lo que tenía, así paño como otras cosas muchas, sin recibir por ello cosa alguna; mas son así temerosos sin remedio. Verdad es que, después que se aseguran y pierden este miedo, ellos son tanto sin engaño y tan liberales de lo que tienen, que no lo creería sino el que lo viese. Ellos de cosa que tengan, pidiéndosela, jamás dicen que no, antes convidan la persona con ello, y muestran tanto amor que darían los corazones, y quier sea cosa de valor, quier sea de poco precio, luego por cualquiera cosica de cualquiera manera que sea que se les dé por ello son contentos.

Yo defendí que no se les diesen cosas tan viles como pedazos de escudillas rotas y pedazos de vidrio roto y cabos de agujetas; aunque cuando ellos esto podían [a]llegar, los parecía haber la mejor joya del mundo: que se acertó haber un marinero, por una agujeta, de oro de peso de dos castellanos y medio, y otros de otras cosas que muy menos valían, mucho más. Ya por blancas nuevas daban por ellas todo cuanto tenían, aunque fuesen dos ni tres castellanos de oro, o una arroba o dos de algodón hilado. Hasta los pedazos de los arcos rotos de las pipas tomaban y daban lo que tenían como bestias. Así que me pareció mal e yo lo defendí, y daba yo graciosas mil cosas buenas que yo llevaba porque tomen amor. Y allende desto se harán cristianos, que se inclinan al amor y servicio de Sus Altezas y de toda la nación castellana, y procuran de ayuntar y nos dar de las cosas que tienen en abundancia que nos son necesarias. Y no conocían ninguna secta ni idolatría, salvo que todos creen que las fuerzas y el bien es en el cielo, y creían muy firme que yo con estos navíos y gente venía del cielo, y en tal acatamiento me recibían en todo cabo, después de haber perdido el miedo. Y esto no procede porque sean ignorantes, salvo de muy sotil ingenio, y hombres que navegan todas aquellas mares, que es maravilla la buena cuenta quellos dan de todo, salvo porque nunca vieron gente vestida ni semejantes navíos.

Y luego que llegué a las Indias, en la primera isla que hallé, tomé por fuerza algunos dellos [15] para que deprendiesen y me diesen noticia de lo que había en aquellas partes; e así fue que luego entendieron y nos a ellos cuando por lengua o señas; y estos han aprovechado mucho. Hoy en día los traigo que siempre están de propósito que vengo del cielo, por mucha conversación que hayan habido conmigo. Y estos eran los primeros a pronunciarlo adonde yo llegaba, y los otros andaban corriendo de casa en casa y a las villas cercanas con voces altas: «Venid, venid a ver la gente del cielo». Así todos, hombres como mugeres, después de haber el corazón seguro de nos, venían que non quedaba grande ni pequeño, y todos traían algo de comer y de beber, que daban con un amor maravilloso.

Ellos tienen [en] todas las islas muy muchas canoas a manera de fustas de remo, dellas mayores, dellas menores, y algunas y muchas son mayores que una fusta de diez y ocho bancos; no son tan anchas, porque son de un solo madero, más una fusta no terná con ellas al remo, porque van que no es cosa de creer; y con estas navegan todas

---

[15] En el *Diario* (14 de octubre) dice que tomó a siete.

aquellas islas que son innumerables, y traen sus mercaderías. Algunas destas canoas he visto con setenta y ochenta hombres en ella, y cada uno con su remo.

En todas estas islas non vide mucha diversidad de la hechura de la gente, ni en las costumbres, ni en la lengua, salvo que todos se entienden que es cosa muy singular; para lo que espero que determinarán sus altezas para la conversación dellos de nuestra santa fe, a la cual son muy dispuestos.

Ya dije cómo yo había andado ciento siete leguas por la costa de la mar, por la derecha línea de occidente a oriente, por la Isla Juana; según el cual camino puedo decir que esta isla es mayor que Inglaterra y Escocia juntas, dos provincias allende destas ciento siete leguas me quedan de la parte de poniente dos provincias que yo no he andado, la una de las cuales llaman Avan, adonde nace la gente con cola [16]. Las cuales provincias no pueden tener en longura menos de cincuenta o sesenta leguas, según pude entender destos Indios que yo tengo, los cuales saben todos las islas.

Esta otra Española en cerco tiene más que la España toda desde Colibre [17] por la costa de mar hasta Fuenterrabía en Vizcaya, pues en una cuadra anduve ciento ochenta y ocho leguas por recta línea de occidente a oriente. Esta es para desear, e [vista], es para nunca dejar; en la cual,

---

[16] Esta información, más que proceder de los indios, con los que aún no se entiende según testimonio reiterado suyo, emana del hombre medieval crédulo e imaginativo que cada uno —y Colón a veces más que otros— llevaba dentro. Nadie registra ni aproximadamente la provincia de Avan.

[17] En el original impreso aparece como Colonya o Colunya. Esto ha hecho discutir si se trata de La Coruña o de Colliure, cerca de Perpiñán, perteneciente entonces a Cataluña.

puesto que de todas tengo tomada posesión por Sus Altezas, y todas sean más abastadas de lo que yo sé y puedo
decir, y todas las tengo por de sus altezas, cual de ellas
pueden disponer como y tan cumplidamente como de los
Reinos de Castilla. En esta Española, en el lugar más con-
venible y mejor comarca para las minas del oro y de todo
trato, así de la tierra firme de acá, como de aquella de allá
del Gran Can [18], adonde habrá gran trato y ganancia, he
tomado posesión de una villa grande a la cual puse nombre la Villa de Navidad, y en ella he hecho fuerza y fortaleza, que ya a estas horas estará del todo acabada, y he dejado en ella gente que basta para semejante hecho, con
armas y artillería y vituallas para más de un año, y fusta y
maestro de la mar en todas artes para hacer otras, y grande
amistad con el Rey de aquella tierra, en tanto grado que
se preciaba de me llamar y tener por hermano. Y aunque
le mudase la voluntad a ofender esta gente, él ni los suyos
no saben qué sean armas, y andaban desnudos, como ya
he dicho. Son los más temerosos que hay en el mundo, así
que solamente la gente que allá queda es para destruir
toda aquella tierra, y es isla sin peligro de sus personas sa-
biéndose regir.

En todas estas islas me parece que todos los hombres
sean contentos con una muger, y a su mayoral o Rey dan
hasta veinte. Las mugeres me parece que trabajan más
que los hombres. Ni he podido entender si tienen bienes
propios, que me pareció ver que aquello que uno tenía todos hacían parte, en especial de las cosas comederas.

---

[18] Se discute sobre la interpretación de las dos tierras firmes de las
Indias: la tierra firme de *allá* no presenta dudas, al identificarse con los
dominios continentales del Gran Khan, mientras que la tierra firme de
acá algunos la identifican con la masa continental de América del Sur,
distante de la isla Española —su Cipango— unas 60-70 leguas.

En estas islas hasta aquí no he hallado hombres mons-
truosos, como muchos pensaban, mas antes es toda gente
de muy lindo acatamiento, ni son negros como en Guinea,
salvo con sus cabellos corredíos, y no se creían a donde
hay ímpetu demasiado de los rayos solares; es verdad que
el sol tiene allí gran fuerza, puesto ques distante de la línea equinocial veinte e seis grados. En estas islas, adonde
hay montañas grandes, ahí tenía fuerza el frío este invierno, mas ellos lo sufren por la costumbre que con la
ayuda de las viandas comen con especias muchas y muy
calientes en demasía. Así que monstruos no he hallado ni
noticia, salvo de una isla [19] que es la segunda a la entrada
de las Indias, que es poblada de una gente que tienen en
todas las islas por muy feroces, los cuales comen carne
humana. Estos tienen muchas canoas, con las cuales co-
rren todas las islas de India, roban y toman cuanto pueden. Ellos no son más disformes que los otros, salvo que
tienen en costumbre de traer los cabellos largos como mugeres, y usan arcos y flechas de las mismas armas de cañas, con un palillo al cabo por defecto del hierro que no
tienen. Son feroces entre estos otros pueblos que son en
demasiado grado cobardes, mas yo no los tengo en nada
más que a los otros. Estos son aquellos que tratan con las
mugeres de Matinino [20], ques la primera isla partiendo de
España para las Indias que se halla, en la cual no hay
hombre ninguno. Ellas no usan ejercicio femenil, salvo
arcos y flechas, como los sobredichos de cañas, y se arman
y cobijan con launes de arambre [21] de que tienen mucho.

---

[19] Carib, identificada con la Dominica.

[20] Matininó ha despertado más dudas de identificación. Para unos
es Guadalupe, mientras que para otros es Martinica.

[21] *Launes* de *arambre* = láminas o planchas de cobre. Al arambre
o alambre se le identificaba con el cobre.

Otra isla me aseguran mayor que la Española, en que las personas no tienen ningún cabello. En esta hay oro sin cuento, y destas y de las otras traigo conmigo indios para testimonio.

En conclusión, a hablar desto solamente que se ha hecho este viaje, que fue así de corrida, que pueden ver Sus Altezas que yo les daré oro cuanto hobieren menester con muy poquita ayuda que sus altezas me darán agora: especería y algodón cuanto sus altezas mandaren cargar, y almastiga cuanto mandarán cargar, y de la cual hasta hoy no se han hallado salvo en Grecia y en la isla de Xio, y el Señorío la vende como quiere, y lignaloe cuanto mandarán cargar, y esclavos cuantos mandarán cargar, e serán de los idólatras; y creo haber hallado ruibarbo y canela, e otras mil cosas de sustancia hallaré, que habrán hallado la gente que yo allá dejo, porque yo no me he detenido ningún cabo, en cuanto el viento me haya dado lugar de navegar; solamente en la Villa de Navidad, en cuanto dejé asegurado y bien asentado. E a la verdad, mucho más hiciera si los navíos me sirvieran como razón demandaba.

Esto es harto y eterno Dios nuestro Señor, el cual da a todos aquellos que andan su camino victoria de cosas que parecen imposibles. Y esta señaladamente fue la una, porque aunque destas tierras hayan hablado o escrito, todo va por conjetura sin allegar de vista salvo comprendiendo, a tanto que los oyentes los más escuchaban y juzgaban más por habla que por poca cosa dello. Así que pues nuestro Redentor dio esta victoria a nuestros Ilustrísimos Rey y Reina y a sus Reinos famosos de tan alta cosa, adonde toda la cristiandad debe tomar alegría y facer grandes fiestas y dar gracias solemnes a la Santa Trinidad, con muchas oraciones solemnes por el tanto ensalzamiento que habrán en tornándose tantos pueblos a nuestra Santa Fe, y después por los bienes temporales que no solamente a la España, mas a todos los cristianos ternán aquí refrigerio y ganancia [22]. Esto, según el hecho, así en breve. Fecha en la carabela, sobre las Islas de Canaria [23] a XV de Febrero Año Mil CCCCL XXXXIII.

Hará lo que mandareis,

El Almirante

Anima que venía dentro de la Carta [24]

Después de esta escripto y estando en mar de Castilla, salió tanto viento conmigo sur y sueste, que me ha hecho descargar los navíos. Pero corrí aquí en este puerto de Lisbona hoy, que fue la mayor maravilla del mundo, adonde acordé escribir a sus altezas. En todas las Indias he siempre hallado los temporales como en mayo, adonde yo fui en XXXIII días, y volví en XXVIII, salvo que estas tormentas me han detenido XIII días corriendo por esta mar. Dicen acá todos los hombres de

---

[22] Este párrafo recoge con nitidez la verdadera dimensión de la Carta colombina: una información al mundo entero para regocijo espiritual y a la postre también económico.

[23] El 15 de febrero estaba divisando una isla de las Azores: Santa María. Se puede aceptar que la carta se haya escrito durante la tranquila travesía del océano más que en los agitados días que preceden al 15 de febrero (del 12 al 15 sufren una terrible tempestad); y se puede aceptar igualmente que la fecha se añadiera cuando pasó todo el peligro. Sin embargo, ¿cómo explicar el error de Canarias? ¿Se trata de algo más intencionado?

[24] *Postescriptum* o añadido posterior.

la mar que jamás hubo tan mal Invierno ni tantas pérdidas de naves.

Fecha a catorce días de marzo [25].

Esta Carta envió Colón al Escribano de Ración. De las Islas halladas en las Indias e otra de Sus Altezas.

---

[25] El 4 de marzo entraba en el puerto de Lisboa. En consecuencia, y siguiendo el sentido de todo el párrafo, sería más propio 4 que 14. El 14 navegaba ya camino de Palos.

LUIS ARRANZ MÁRQUEZ (La Aguilera, Burgos, 1945). Doctor en Historia por la Universidad Complutense de Madrid, donde es catedrático. Su primera actividad investigadora relacionada con América y lo colombino empezó en el Instituto Gonzalo Fernández de Oviedo del CSIC hace algo más de treinta años. Desde entonces, sus preocupaciones investigadoras se han centrado en tres direcciones: el mundo colombino, los descubrimientos geográficos y la sociedad antillana. Es autor, en otras obras, de *Estudios sobre Fray Bartolomé de las Casas y la familia Colón* (1974), *La nobleza colombina y sus relaciones con la castellana* (1975), *Emigración española a Indias. Poblamiento y despoblación antillanos* (1979), *Don Diego Colón* (1982); Edición, introducción y notas de *La Historia del Almirante* (1984), Edición, introducción y notas de *Diario de a bordo* (1985), *Cristóbal Colón* (1986), *Los viajes de Colón* (1988), *Repartimientos y Encomiendas en la Isla Española (El Repartimiento de Alburquerque de 1514)* (1991). *Cuarto viaje colombino. La ruta de los Huracanes (1502-1504)* (2002), *Cristóbal Colón. Misterio y Grandeza* (2006). Otra faceta que tampoco ha olvidado es la relativa a la educación, con publicaciones sobre historia de la educación y libros de texto escolares. En la actualidad es el Decano de la Facultad de Educación de la Universidad Complutense de Madrid.

BIBLIOTECA EDAF

BIBLIOTECA EDAF JUVENIL